索伦·克尔凯郭尔：
爱的物品，爱的作为

丹麦哥本哈根博物馆 /编

[丹]尤金姆·加尔夫　[丹]皮娅·索尔托夫特 /著

田王晋健　杨杏 /译

上海三联书店

鸣　谢

丹麦哥本哈根博物馆授权中文版

Søren Kierkegaard:
Objects of Love, Works of Love

目 录

索伦·克尔凯郭尔：爱的物品，爱的作为

丹麦哥本哈根博物馆收藏了一小批私人物品，根据它们的来源和家族传说，我们可以将这些物品与索伦·克尔凯郭尔的人生联系起来。这些各式各样的历史文物与该作家一生中最主要的各种爱有关——对父亲迈克尔·彼得森·克尔凯郭尔的爱，父亲在克尔凯郭尔的作品中扮演了举足轻重的角色；对母亲安妮·索伦斯达特·隆德的爱；对蕾琪娜·奥尔森的爱，克尔凯郭尔曾与她订婚 13 个月；还有对朋友埃米尔·博伊森的爱。此外，这些物品可以在更广泛的意义上为爱提供证据：不仅有他对许多个体的爱，而且在他的作品中爱也是一种无处不在的现象。

使用哥本哈根博物馆的这些物品作为我们的起点，同时通过不断地查看这些物品，我们将沉浸在爱的各种形式中，并且审视索伦·克尔凯郭尔是如何在他的作品中描述这些爱的。我们的目标是在以下两者之间作一个比较：用传记的方法交待克尔凯郭尔的生平，在现象学的启发下对他的作品进行解释。基于对这些物品的意义进行传记性的解释——这些物品不仅出现在克尔凯郭尔的人生中，也为他的人生提供过服务——我们能够领略这位丹麦最伟大的思想家之一的心灵。通过理解爱作为一个根本元素如何渗透到克尔凯郭尔的所有作品中，我们能够专注于他的作品中始终出现的爱的各种形式。

从根本上说，克尔凯郭尔将爱视为造物者赋予人的一种内在品质：人既渴望去爱，又渴望被爱。世上只存在一种爱，这种爱以某种方式被赋予人类，我们的职责是确保这种爱被自己意识到，并且在人生中将这种爱带到它可能出现的所有关系中。这些各式各样的关系创造了各式各样的机会，使某个个体有可能与另一个个体产生关系。正是这些产生关系的不同方式，构成了可以谈论各种虚伪之爱的基础——我们在以哪种类型的激情与他人产生关系？

尤金姆·加尔夫（Joakim Garff）

皮娅·索尔托夫特（Pia Søltoft）

● 哥本哈根大学克尔凯郭尔研究中心收藏的克尔凯郭尔雕像，由艺术家里卡尔·马格努森（Rikard Magnussen，1885-1948）所创作，名为《旁观者们眼中的克尔凯郭尔》。

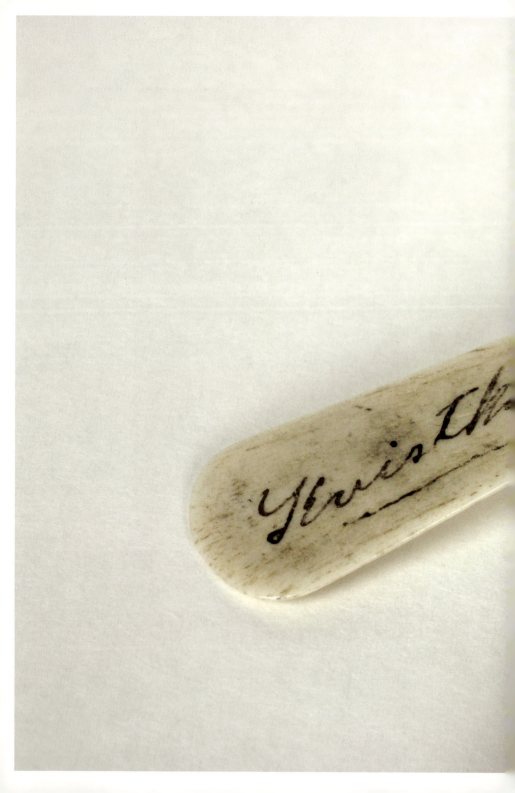

- 这个**盒式吊坠**嵌有克尔凯郭尔的姐姐尼科琳·克里斯蒂娜（1799—1832 年）的银版照片。1824 年，她嫁给了丝绸贸易商和批发商约翰·克里斯蒂安·隆德。然而，8 年以后，她在生下一个死产的儿子后去世，留下 4 个更大的孩子。

- 来自新市场 2 号的克尔凯郭尔家庭住宅的**一串钥匙**。1908 年 7 月 26 日，星期日早晨，就在房屋被拆毁前，石匠卡尔·尼加德将这些钥匙保留下来。

- 佩特拉·克尔凯郭尔的**画作**。私人收藏品。这幅画的署名是"菲比格"。

索伦·奥碧·克尔凯郭尔是 7 个兄弟姐妹中最小的一个，他于 1813 年 5 月 5 日出生在哥本哈根新市场 2 号的房产中。而这处房产的钥匙——从某种程度上——可以打开一扇通向克尔凯郭尔童年时代的大门。当时，他的母亲安妮大约 45 岁，他的父亲 56 岁。人们对安妮知之甚少；她几乎无法读写，才智方面与丈夫相差甚远，她的丈夫以各种坚定的原则、悔恨的沉思和充满激情的想象力，在孩子们身上留下了重要的印记。当克尔凯郭尔的父亲还是一个男孩的时候，他在日德兰半岛的乡村荒原上过着贫困的生活，后来他在哥本哈根开始当一名售袜商的学徒。在出生登记册和洗礼登记册上，他多年来一直被称为"售袜商人""袜子供应商"，或者仅仅被称为"旅行推销员"。

这正是他的身份——推销员，或者更确切地说是商人——因为他还从事蔗糖、咖啡、棉花和丝绸等国外奢侈品的贸易。后来，他还做过房地产经纪人和股票经纪人。他甚至成功地度过了英丹战争后出现的金融危机，那场危机导致丹麦于 1813 年破产。他在这些动荡的岁月里不断地取得成功，让自己留下大量资金，这些资金成为他儿子后来的文学事业提供了物质基础。一代人之后，他最小的儿子意识到自己是这个悖论的产物，因此感到悲喜交加：

> 我生于 1813 年，那是一个出了问题的财政年度，如此多其他的劣质钞票在那一年投入了流通，与其中某种劣质钞票比一比的话，我的人生似乎是最优质的一种钞票。我身上有某种伟大的东西，然而由于市场状况不佳，我也并不太值钱。有时，这样的钞票会成为一个家庭的不幸。

克尔凯郭尔相信，每个人的内心都有爱，它是一种爱与被爱的根本欲望，正是这种根本的冲动，使我们能够将自己的爱集中在另一个个体或者我们自己身上。爱，以其最根本的形式存在于我们所有人的内心——包括年幼孩子的内心。对于克尔凯郭尔来说，爱与被爱的根本内在冲动乃是上帝的创造物。是上帝将爱作为一种内在品质灌输给每个人，借此爱向他人彰显自己。在《爱的作为》中，克尔凯郭尔将爱定义为一种**对伙伴关系的冲动**。每个人生来就有爱，这是一种内在的品质，该事实使人成为一种社会生物，其特征是我们有爱自己和爱他人的能力。

自爱和对被爱者、朋友、孩子或者人类同胞的爱，都是同一种爱的各种形式而已——这些形式源于我们爱的冲动，源于我们展示自己的爱时那充满激情的方式。当爱采用的是一种感官享受的形式时，我们谈论的是"坠入爱河"的概念。爱的这种肉体形式以父母对孩子的爱以及友谊为代表，而自爱和慈善是爱的两种精神形式。

父母对孩子的爱

父母之爱的对象是以孩子的形式**直接赋予**的。克尔凯郭尔强调这样一个事实：早在孩子出生之前，父母对孩子的爱就以一种先入为主的意味闯入了："几乎在孩子出生之前，父母就爱孩子，而且早在孩子成为有意识的生命体之前，父母就爱孩子，因此，父母在那时爱的是尚未降世为人的孩子。"尽管如此，父母对孩子的爱并非一种毫不含糊的或者"纯粹的"关系。父母对孩子的爱是一种不透明的关系，它的形式是朦胧的、晦涩的。

父母对孩子的爱并非克尔凯郭尔本人最关注的爱的形式。对这种爱的最集中的描述，可以在《爱的作为》的"在回忆逝者时爱的作为"

这个论述中发现。乍看之下，在这篇关于逝者的论述中，我们发现他关于父母对孩子的爱的各种深思可能令人惊讶，然而我们在更仔细的阅读后发现，克尔凯郭尔在这篇论述中希望审视爱与回报之爱之间的关系，以发现爱的最无私的形式。在这个论述中，克尔凯郭尔希望挑战的是，在展示爱的最无私的形式方面，父母对孩子的爱占据着优先地位。通过这样做，他暗示，希望得到孩子的回报之爱，是父母对孩子的爱的内在特征，尽管这种希望并未被设定为要求孩子以同等的程度回报这种爱。尽管如此，对克尔凯郭尔来说，重要的是强调，父母对孩子的爱也建立在这种**没有表达出来的**对回报之爱的希望之上。然而在谈到父母对孩子的爱时，他指出，对回报的希望会随着时间的推移而被撤销。他声称，父母也可以意识到这一点：

如果父母没有任何希望，没有任何前景，即无法从他们的孩子那里得到快乐和对他们的爱的回报——嗯，确实会有许多父母仍然充满爱地为孩子付出一切——啊，尽管肯定也会有许多父母对孩子的爱变得冷淡。我们这样说并非要直截了当地宣称这样的父母没有爱；不，他们内心的爱仍然如此微弱，或者他们的自爱如此强烈，以至于需要这种快乐的希望，需要这种令人鼓舞的前景。

父母希望孩子在以后的人生中能够反过头来爱自己，这种希望通常都会实现：

> 带着这种希望和前景，父母心甘情愿地为孩子付出一切。父母可以对彼此说："的确，在我们年幼孩子的前方还有很多年，然而在所有的那些时光里，我们也将分享他的快乐，最重要的是，我们希望他有一天会回报我们的爱，即使他别的什么事情都不做，这种偿还也会让我们的晚年幸福。"

自然，父母对孩子的回报之爱的各种希望，很少像这句口头表达出来的话那样带有些许讽刺意味。这种希望在更多的时候表现为一种隐藏的期待，甚至可能是一种潜意识的愿望。在论述中，克尔凯郭尔强调了这个事实，即在父母与孩子之间，爱的关系是不对称的。就父母与子女之间的爱而言，**进行比较是不可能的**——这首先是因为两种**爱具有不同的形式**，其次是因为父母与孩子之间的关系在根本上是**不平等的**。

尽管克尔凯郭尔将回报之爱与父母对孩子的爱联系起来，然而由于父母与孩子之间的不平等关系，父母对回报之爱的希望永远不可能是对同等回报的期待。尽管这不是一种对称的交互关系，克尔凯郭尔依然坚持认为，父母怀着对孩子的爱，"即使是在与最难相处的孩子的关系中，他们仍然有一种希望和前景，那就是得到被爱的偿还。"

　　父母对孩子的爱以一种特殊的先入为主为特征，体现为对孩子肉体上的照顾、爱抚孩子、与孩子玩耍和养育孩子。克尔凯郭尔也强调，父母对孩子的爱在本质上与孩子对父母的爱是不同的。他将这一点归因于两种不同形式的爱以及这两种爱的不同对象。父母将孩子当作孩子去爱；孩子将父母当作父母去爱。否则，有的事情会出问题。因时间流逝而撤销希望的结果源于这样一个事实：年幼的孩子无法有意识地回报父母的爱。正如前面提到的，克尔凯郭尔认为，在孩子出生之前，父母就已经在爱孩子了。而且，通过这种爱，他们在与孩子的关系中已经转变为父母。孩子因为父母对自己的爱而改变的方式是一个**循序渐进**的过程，取决于孩子是否觉察到爱，而爱也是孩子本身就拥有的。通过父母对孩子的爱，孩子学会认识到，爱是一种外在的爱。孩子可以感觉到被爱，而通过感觉到父母对自己的爱，孩子内心对父母的爱就形成了：爱以爱为前提。

孩子对父母的爱

　　孩子对父母的爱随着时间而消逝的事实，可以归因于这样一个事实：**孩子对父母的爱必须与自己的意识同步发展。**婴幼儿欠缺将爱投射到另一个人身上的能力，因为这需要意识的发展，这可以解释为什么孩子的爱比父母的爱出现得更晚。**孩子对父母的爱不仅在时间上消逝了，在内容上也是如此。**孩子对父母的爱与父母对孩子的爱，具有相同的深层基础，然而这种爱**以不同的形式彰显出来**。这就是为什么就父母对孩子的爱以及孩子对父母的爱而言，回报并**不对称**。父母与孩子之间的关系被描述为在根本上是**不平等的**。

在《讲演集》中，克尔凯郭尔请读者注意，应该让孩子和父母之间保持对等的距离，他表达了这种距离何以是积极的，因为它让孩子有机会不将这种距离当回事，却仍然沉浸在父母的爱中：

> 然而，当孩子越来越大时，即使他在父母的房子里，离他们如此之近，从未离开过他们的视线，他与父母之间仍然有无限的距离；在这种距离中，存在着可以推测出的可能性。如果母亲抱着孩子，如果她将孩子紧紧搂在怀里，以便在她的亲近中完全保护孩子免受任何危险；然而在能够推测的可能性中，孩子仍然离她无限地远。这是一段极远的距离，一种极深的疏远。有一个人久居一地，却远离自己唯一的愿望，难道他不是也住在很远的地方吗？同样地，即使孩子和父母在一起，通过这种能够推测出的可能性，孩子仍然处于一段距离之外。

克尔凯郭尔的童年时代

索伦·奥碧出生时有 3 个姐姐，她们分别是 16 岁、13 岁和 11 岁，他还有 3 个哥哥，当时分别是 7 岁、5 岁和 4 岁。索伦·奥碧的出生结束了兄弟姐妹们在男女比例上的完全对等——尽管他的出生可能最初在父母的计划之外。在失去第一任妻子后没过几个月，克尔凯郭尔的父亲使自己雇佣的女仆安妮怀了孕，因此他们被迫在家里举行了私密的婚礼。

老克尔凯郭尔按照朴实无华的日德兰半岛美德生活着，很简朴，而且保持着沉默寡言的节制，他让索伦·奥碧身穿一套带褶皱的黑色粗布衣服和一件带有短燕尾的套头衫。索伦的裤子引人注目地短，招来许多卑劣的挖苦。其他的男孩们穿的都是靴子，而索伦·奥碧却不得不凑合地穿着他父亲店里的鞋子和厚羊毛袜。这导致他获得了"索伦·袜"的绰号，其他人也叫他"唱诗班男孩"，因为他穿得很像教会学校里身穿黑衣的唱诗班男孩。

按照人们所有的记述，索伦·奥碧从各方面来说都不是一个让人省心的孩子。一个远房堂兄将他描述为"一个被宠坏了的淘气男孩，总是紧紧抓住他母亲的围裙"，而另一个远房堂兄简洁地记录着，"索伦，像往常一样，坐在角落里生闷气"。克尔凯郭尔在家里被称为"叉子",因为当被问及最希望在人生中做什么时,他提到的正是这种餐具。"我想做一把叉子",这个满脸雀斑的小男孩回答。"为什么?""嗯,那么我就可以在餐桌上'叉'来我想要的任何东西。""可是如果我们也要叉那个东西呢?""那么我将会刺向你。""叉子"这个绰号就和他形影不离了,因为"他有早熟的倾向,喜欢发表各种讽刺性的评论"。

克尔凯郭尔的家庭遭受过两次重大的突然亡故,可能导致家里的这个最新成员获得了孩子们很快就能利用的一堆特权。1819 年 9 月 14 日,儿子索伦·迈克尔在哥本哈根死于颅内出血,这是由于他在学校操场上猛然撞到另一个孩子造成的。1822 年 3 月 15 日,玛伦·克尔斯蒂娜去世了,年仅 24 岁。3 月 18 日发表在《信使报》上的那份讣告表明,她的死亡并非完全是意外。"我们谨在此向我们的亲属和朋友们宣布,本月 15 日,上帝悦纳了我们的长女;玛伦·克尔斯蒂娜,在人生的第 25 年,在经历了 14 年的病痛之后,被召回**他的**天国。"玛伦·克尔斯蒂娜是父亲犯下可怕的错误之后生下的后代,在她"平静"离世之前的 14 年里一直在生病——她的死不可能是无比安详的,因为她的死因被登记为"抽搐"。

她被安葬在哥本哈根阿西斯滕斯公墓的家族墓地中,与她的弟弟一起安息。1798 年 12 月,迈克尔·克尔凯郭尔在他的第一任妻子克尔斯蒂娜·尼尔斯达特·罗伊恩的坟墓上方放置了一块平整的红色砂岩，作为他们二人共用的墓碑，她的出生日期和死亡日期都刻在上面。在纪念两个孩子死亡的石头上，只提供了玛伦·克尔斯蒂娜的出生日期和死亡日期，这不可能只是一个疏忽。原因更可能是迈克尔·克尔凯郭尔希望将家庭坟墓安排成一种公开证词，让大家看到这位虔诚的商人在克尔斯蒂娜·尼尔斯达特·罗伊恩去世后不到一年就有了他的女儿，新妻子仅仅在他的第一任妻子去世后 9 个月就怀孕了。

疾病和死亡使这个家庭里的氛围更为压抑，家中日常生活的消遣已经很少，也很遥不可及。玩具被看作是一种不必要的奢侈，他母亲的手纺车是索伦·奥碧唯一可以用来自娱自乐的东西。在集市广场，情况就大不一样了。在赶集的日子，可以从房子的窗户看到农民们，他们带着玉米和刚宰完的牛在瓦尔比当地的女人们中间挤来挤去，她们正冲着还在扑腾的鸡尖叫。在国王的生日那天，旧市场的喷泉顶部会漂浮着数个金苹果，这项传统总是受到尊重，是一个不容错过的奇观。每年 3 月的第一个星期四，国王都会乘坐马车前来，和全国最有地位的人一起到高等法院参加公开审讯。这件大事就像一个童话故事，在庆祝活动结束后，可以看到一群来自哥本哈根最大的贫民救济所拉德加登的衣衫褴褛的贫民，他们会用树枝做的扫帚清扫广场和周围的街道。

索伦·奥碧的姐姐尼科琳·克里斯蒂娜于 1824 年嫁给了丝绸和布料经销商约翰·克里斯蒂安·隆德。比隆德小 4 岁的弟弟亨里克·费迪南德是丹麦国家银行的一名职员，他和比尼科琳·克里斯蒂娜小 2 岁的妹妹佩特拉·塞弗琳结了婚，这是家庭重新凝聚起来的早期例子。因此，当年轻的索伦·奥碧在市民教育学校接受教育时，他的姐姐们在花时间确保家族血脉的延续。这两对夫妇生活得非常幸福，直到厄运降临到尼科琳·克里斯蒂娜身上，她于 1832 年 8 月 30 日生下一个死产的儿子，随后她立即被剧烈的发烧击垮了。一周后，她的病情如此严重，以至于彼得·克里斯蒂安在某天早上被派了过来，他不得不离开附近的市民教育学校，回到她身边。他回家后，起初尼科琳·克里斯蒂娜变得更加镇静，然而不久后她就开始神志不清，以至于医生不得不从她的静脉中抽血，还用水蛭吸血，他们不得不一直用冰块给她颤动的太阳穴降温。第二天，她开始康复，然而在 9 月 10 日星期一，死亡开始紧紧地攫住这个发烧的女人，榨干了她最后的生命。她将 7 岁的亨利克·西格瓦德、6 岁的迈克尔·弗雷德里克·克里斯蒂安、5 岁的索菲·维尔赫尔曼和 2 岁的小卡尔·费迪南德，留给了自己的丈夫约翰·克里斯蒂安·隆德。

1834 年 12 月 12 日，当老克尔凯郭尔年满 78 岁时，尽管没有什么可庆祝的，大着肚子的佩特拉·塞弗琳还是带着她那一头火焰般的草莓金头发来到家里。除了妻子安妮，这位老人还失去了他 7 个孩子中的 4 个，最近去世的一个孩子是尼尔斯·安德烈亚斯，他于 1833 年 9 月在新泽西州去世。佩特拉·塞弗林是索伦·奥碧最喜爱的姐姐，也是老克尔凯郭尔仅剩的女儿。第二天，她生下一个健康、强壮的男孩，然而 3 天后她就病倒了。虽然她可以用母乳喂养孩子，但是人们担心乳汁会涌入大脑，使她发疯。她大腿上的一粒疖子表明，医生为冲淡乳汁而开的催吐剂已经开始起作用了。然而他们的对策出了问题。在年底前的两天，佩特拉·塞弗林在一阵严重的痉挛中死亡。像她姐姐尼科琳·克里斯蒂娜一样，她只活到 33 岁。鳏夫亨利克·费迪南德和他的兄弟一样，当时试图为他的孩子们创造尚可容忍的各种条件，这些孩子包括 5 岁的亨丽埃特，3 岁的维尔海姆·尼古拉，1 岁的彼得·克里斯蒂安，以及一个 16 天大的婴儿——为了纪念他从未认识的母亲——他被取名为彼得·塞弗林。

通观克尔凯郭尔的所有作品，他几乎从未写过自己与兄弟姐妹之间的爱。然而作为失去母亲的许多孩子们的叔叔，克尔凯郭尔感觉自己有一种特殊的责任感，他通过赠送生日礼物或者安排令人难忘的马车旅行来表达这种责任感。亨丽埃特尤其记得"索伦叔叔"如何通过与那个"18 岁的漂亮女孩"订婚带给大家惊喜，他"对我们这些孩子关爱至极，并且渴望赢得我们的爱作为回应"。隆德的孩子们拜访过奥尔森的家，"在那里，每一个人，尤其是索伦叔叔，对我们的招待无微不至"。后来，亨丽埃特也独自拜访过蕾琪娜，她想起有一天自己是怎样站着向蕾琪娜挥手告别，她突然感觉到这对年轻情侣的爱情是多么脆弱，以及它可能很快就会结束。她的直觉变成了现实，克尔凯郭尔在 1841 年去柏林旅行之前，召集他的外甥们和外甥女们在自己童年时代位于新市场 2 号的家里共度了一个晚上。亨丽埃特回忆说，那天晚上叔叔"非常动情"，难以自持。突然间，他爆发出"一阵猛烈的哭泣"，这种哭泣很快在孩子们中间蔓延开来，然而没有一个人真正知道他们为什么哭泣。"不过，索伦叔叔本人很快就振作起来了，他告诉我们，他很快就会动身去柏林，也许会离开一段时间；因此，我们必须作出承诺，要频繁地给他写信，因为他很想知道我们每个人的情况。我们热泪盈眶地作出承诺。"

- 带有金属环闭合机关的**麂皮钱包**。
- 可以佩戴在夹克纽扣孔上的**别针**。根据家族传说，这些物品属于迈克尔·克尔凯郭尔。
- **迈克尔·P. 克尔凯郭尔的戒指**。覆盖着琉璃的这枚戒指带有珠饰，这些珠子拼成了他妻子姓名的首字母:APK（安妮· P. 克尔凯郭尔）。这对夫妇一共生下 7 个孩子。

父亲的各种形象

　　当克尔凯郭尔提起童年时代的家庭教养这个话题时，最常提到的是父爱。父爱被描述为一种教育的爱，它意味着支持和确保孩子的独立。当成年的克尔凯郭尔通过回忆年少的索伦·奥碧来理解自己和自己的人生历程时，情况似乎就是如此。真实的故事或者围绕该故事的各种具体环境，很少使克尔凯郭尔感兴趣。充满他视野的是戏剧性的或者反复出现的故事，还有布景透视画法本身和象征性的情节。他的记忆是一种文学性的记忆，所以它能准确地以它想要的方式回忆，并回忆起它想要的内容，正如文学有主观性和选择性一样。真实的故事从哪里结束，虚构的故事从哪里开始，或许同样不可能分辨出来。从他父亲的案例中，我们可以发现这样一个极好的例子。

如果我们坚持使用关于克尔凯郭尔父亲的相对稀少的原始材料
（除了我们可以从克尔凯郭尔自己的日记中收集到的材料以外），
我们就会看到一个严厉的、精于计算的人，他要求周围的人服从、
节俭，他还对细节非常关注。"这位老人对鞋子和靴子的擦拭要求
非常严格。不能有任何暗淡的斑点，不能有一粒沙子。"他的一个
仆人解释道，然后他几乎颤抖着继续说，"当他生气的时候，可不
好惹。不是说他会大喊大叫或者使用辱骂性的言语，而是他以严肃
的态度说出自己的责备，和他当众的大吵大闹相比，他的责备更为
深刻。最极端的情形是，甚至当他的话最严厉的时候，他身后站着
的一队人或许会离奇地发抖。"索伦·奥碧在成年以后指出，"父亲
是早产儿"，他想要提前为一切做好准备，甚至在客人们到来前两
周就买好了宴会用的面包！孩子们穿得很朴素，近乎寒酸，女孩们
尤其如此，她们还要从小习惯于伺候那些博览群书的兄弟们。迈克
尔·克尔凯郭尔本人有一件"稀稀烂烂的外套"，它被反穿在身上——
自从它开始出现磨损迹象时起。尽管他没有上过学，当他半路加入
受过教育的儿子们的学术讨论时，他仍然可以像剃刀一样锋利。彼
得·克里斯蒂安后来说："他是我见过的最有天赋的人。"而神学家
弗雷德里克·哈默里奇称他"天赋异禀"，还提供了这样的描述："这
位日德兰的年迈的售袜商是一个永远都在阅读的人。他花时间通晓
各种哲学体系，不过他仍然亲自到市场上为全家人购买日常用品。

我仍然可以看到，他在从市场回家的路上拎着一只漂亮的肥鹅。"
当他走在街上时，他通常穿着一件"灰色大衣，一件背心或者束腰
外衣，非黑即白的天鹅绒或者曼彻斯特棉齐膝马裤，粗羊毛袜或者
丝袜，由大带扣装饰的鞋子，或者前襟有流苏的匈牙利靴子"。他
的孙女亨丽埃特·隆德对他有如下生动的回忆：

> 祖父的形象是年老的、可敬的，他穿着一件浅褐色的
> 长外套，裤子塞进了狭窄的靴口，他手上拿着一根结实的、
> 上端是金色的手杖，而且，对我们这些孩子来说，尤其有
> 趣的是，他的几个衣服口袋里装满了姜汁糕点。他身材魁
> 梧，五官刚毅而又坚定；他的头微微向前倾，那眼神就像
> 他在做梦一样，还像仍然凝视着日德兰的荒原一样。

在 1843 年 2 月出版的《或此或彼》完成前后，我们发现了一篇
在某种程度上自传式的描述，标题为"怀疑一切"，其中一位名叫
约翰尼斯·克利马科斯的年轻绅士对自己的才智发展做了全面的、令
人震惊的描述。在这个"故事"中的某处，他对自己童年时代的家
进行了描述，这段话如此凝练和精致，以至于这段话后来成为任何
关于克尔凯郭尔的传记的保留剧目：

他家里提供的消遣很少，而且他几乎从不出门，所以他很早就变得习惯于孑然一身和浮想联翩。他的父亲是一个非常严厉的人，看上去枯燥乏味，然而在父亲那粗糙的家纺布大衣下，隐藏着一种即使上了年纪也无法熄灭的、炽热的想象力。当约翰尼斯有时请求允许外出时，父亲通常会拒绝，尽管父亲偶尔会建议约翰尼斯牵着自己的手在房间里来回走动。乍一看，这似乎是一个可怜的替代品，然而，就像那件粗糙的家纺布大衣一样，它下面隐藏着完全不同的某种东西。父亲接受了出门的提议，完全由约翰尼斯决定他们应该去哪里。于是，他们出门去皇宫附近，或者去海边，或者去街上，到约翰尼斯想去的地方，因为父亲无所不能。当他们在房间里来回走动的时候，父亲会描述他们看到的一切；他们向路人打招呼，从他们身边驶过的许多辆马车淹没了父亲的声音；烘焙坊的女人售卖的产品比以往任何时候都更诱人。父亲如此准确地、如此生动地、如此直接地描述约翰尼斯已知的一切，甚至描述最细微的各种细节……在约翰尼斯看来，这个世界似乎正在谈话中形成，就好像父亲是我们的主，而他自己是父亲的最爱，父亲允许他欢乐地穿插进许多愚蠢的遐想；他从来没有被父亲拒绝，他也不会拒绝父亲，因为父亲总是让约翰尼斯感到满意。

在这种文学表现里，他有一种可爱的、几乎是抒情的、轻松的感觉——到目前为止——克尔凯郭尔设法使自己童年时代的创伤经历远离生活三步之遥。无形的手消除了所有令人不安的因素，除了他自己的声音和他父亲的声音之外，其他任何声音都被淹没了。我们很快将约翰尼斯和索伦·奥碧联系起来，这样一来，这个场景就变成了一个传记性的事实，它悄悄地溜进了新市场 2 号的客厅。通过父亲在家里各个房间闲逛的形象，我们可以将他描绘成一个望子成龙的人，他希望这个儿子在才智上取得成功，就像他自己在经济上取得成功一样。索伦·奥碧成年了——得到了父亲的很多支持！他回忆起父亲"成千上万次地"告诉他，如果你真的想成为一名成功的作家，你必须"用欧洲语言中的一种写作"，而非用一些"晦涩的"语言或者他称之为**"充满市侩味的小城语言"**的丹麦语写作。

当成年后的克尔凯郭尔带领读者沿着狭长的楼梯一步一步地进入自己童年时代的后院时，他家里的玫瑰色田园只是一种诗意的假设，这个事实第一次变得清晰起来：

> 哦，当我想起自己人生中的黑暗背景从最早的日子就开始了，这是多么可怕的事情啊。我的父亲使我的灵魂充满了焦虑，他自己也有可怕的忧郁症，我甚至无法将这方面的许多事情写下来。基督教让我产生了这样的焦虑；然

而我觉得自己被它强烈地吸引着。

带着矛盾的情绪，克尔凯郭尔在括号内的文字里坦白，自己的父亲是所有父亲中最好的、最有爱心的——例如在他 1847 年 6 月 9 日的日记中，附带插入的内容相当具体：

> *（仁慈的上帝，我的父亲在他的忧郁症中对我犯下多么可怕的错误——一个老人将他的忧郁症的全部负担转嫁给一个可怜的孩子，更不用说更可怕的事情了，然而，就算他做了所有这一切，他仍然是最好的父亲。）*

一年后，当克尔凯郭尔写《作为作者对我自己作品的观点》的草稿时，这种关系以它的正式形式表述为：

> *小时候，我严格而认真地在基督教中被抚养长大；我被疯狂地抚养长大，坦白地讲——在最早的童年时代，我就已经在这种印象中过度紧张，也就是说那个压迫我的忧郁的老人自身也心情低沉——这是多么疯狂，一个孩子装扮成一个忧郁的老人。因此，难怪有些时候基督教向我展*

示出最不人道的残酷，尽管甚至在我离它最远的时候，我也从来没有放弃对它的崇敬，并且信心坚定，尤其是如果我没有亲自选择成为一名基督徒，我永远不会让任何人进入我所认识到的，然而从未在别处读过或听人讨论过的那些困难。

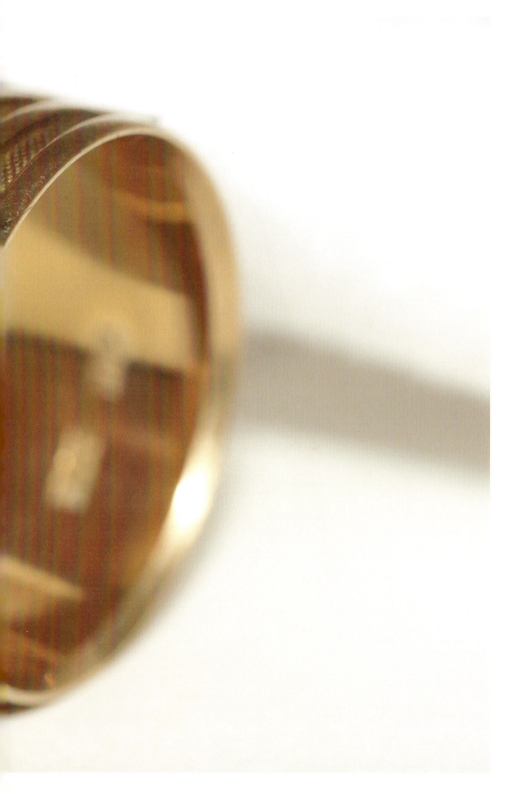

- **耳环**。由两个连在一起的耳环做成的吊坠，它属于安妮·索伦斯达特·隆德。
- **婚戒**。安妮·索伦斯达特·隆德于 1797 年 4 月 26 日与迈克尔·克尔凯郭尔结婚，当时获赠了这枚戒指。这枚戒指上刻有首字母"GH"和"20K"。
- **护身符与链子**。护身符是由一条链子串好，可以戴在脖子上——按一下会扣紧，再按一下会松开。根据家族传说，这些珠宝属于安妮·隆德。

母亲身份的意义
和婚姻的必要性

　　尽管在克尔凯郭尔的写作中，针对父亲的各种形象所费的笔墨远超母亲，他却经常在作品中将父母对孩子的爱等同于**母爱**。在《或此或彼》的第二部分《婚姻的审美效力》中，对母爱的描述如下：

　　　　她根本不需要任何东西，只需要孩子在某个时候以同样的温柔爱她，她也不需要这个，这孩子本身就是她应得的回报，是上天会不遗余力地给她的祝福。

　　尽管如此，克尔凯郭尔在如何看待母爱方面是模棱两可的。一方面，他颂扬母爱，那是最温柔的、最深刻的爱。另一方面，他批评母爱是自爱的一种隐藏的方式。以下描述的这位可怜的母亲带着她的孩子去工作，不是出于生活所迫，而是出于爱，证明克尔凯郭尔很敬重母爱：

> 我见过一个可怜的女人——她做了点小生意，不是在商店或摊位上，而是站在空旷的广场上；她冒着风雨站在那里，怀里抱着一个小家伙；她本人整洁而干净，她的婴儿被小心翼翼地包裹起来。我见过她很多次。一位优雅的女士走了过来，实际上责备了那位可怜的女人，因为她没有将孩子留在家里，而且这对她来说只是一种妨碍。一位牧师从这条街上走过，向可怜的女人走来。他想在孤儿院为这个孩子找个地方。她礼貌地感谢了他，然而，你应该看到她低头凝视孩子的样子。如果他被冻僵了，她的眼神可以使他解冻；如果他是已死的、冰冷的，她的眼神会使他活过来；如果他因饥饿和口渴而疲惫不堪，她的眼神的祝福会使他重新振作起来。

然而一切并不像看起来那样。内在**不是**外在。克尔凯郭尔毫不犹豫地指出，母爱中似乎涉及一种以自我为中心的爱的形式。然而，毫无疑问，克尔凯郭尔高度重视母爱。在《不同精神下的造就性的讲演》中有以下这样一段形象化的描述，是母爱使孩子能够独自站立起来——这可能是克尔凯郭尔对爱的行为所能说出的最高尚的东西：

> （……）是充满爱的母亲教孩子独自行走。母亲在孩子前面足够远的地方，实际上她无法抓住孩子，然而她伸出了自己的双臂；她模仿孩子的各种动作。如果孩子总是跌跌撞撞地走着，她会迅速弯下腰，好像要抓住他——因此孩子会认为自己不是在独自行走。如果在孩子独自行走这件事上有任何真相，那么，没什么能比最充满爱的母亲做得更多的了。然而，她确实做得更多，可以从她的脸、她的表情看出这一点——事实上，她所做的在招手，就像善有善报和永恒幸福的鼓励在招手一样。因此，在独自行走时，孩子的眼睛盯着母亲的脸，而非盯着路上的困难；孩子依靠母亲那没有抓住自己的双臂支撑着自己，努力到达母亲怀中的避难所，他几乎不会察觉到，这时他正在展示自己可以不依靠那双手臂——孩子现在能独自行走了。

我们对克尔凯郭尔的母亲知之甚少。根据我们现有的少量资料，安妮·索伦斯达特·隆德似乎是一个善良的、既小鸟依人又身形圆润的女人，以一种知足常乐的心态看待人生。由于她不惹麻烦的性情，

安妮并没有成为克尔凯郭尔非常诗意地描绘的对象，只有在描绘这
个家庭主妇的时候，她似乎只是在男主人的家里有用的却默默无闻
的一个元素。索伦·奥碧甚至丝毫没有提及她，无论是在日记中还是
在作品中，而且没有将任何文本献给她——甚至在"启迪性的讲演！"
中也没有。

安妮·索伦斯达特·隆德出生于 1768 年 6 月 18 日，是玛伦·拉
斯达特和索伦·延森·隆德最小的女儿。据说索伦·延森·隆德是一个"愉
快的、爱开玩笑的"人，他来自日德兰一个小型的乡村社区布兰德
隆德。接受坚振礼后，安妮搬到哥本哈根，在那里为迈克尔·克尔凯
郭尔的合伙人罗伊恩工作了几年之后，她于 1794 年由迈克尔·克尔
凯郭尔雇佣，当时迈克尔·克尔凯郭尔刚刚与克尔斯蒂娜·尼尔斯达特·罗
伊恩结婚。两年后，克尔斯蒂娜·克尔凯郭尔死于肺炎，没有留下孩
子。在许多方面，安妮和迈克尔是一对不般配的夫妇，他们或许曾
经立刻开始相爱，然而，他们可能从未更深入地了解彼此之间的内
在差异——顺便说一句，般配也并非是当时婚姻的目的！尽管迈克尔
与安妮的婚姻似乎没有最浪漫的出发点，然而毫无疑问的是，他们
携手创造了一个家并生儿育女，多年来，他们之间似乎也产生了某
种形式的爱。安妮去世以后，迈克尔·克尔凯郭尔亲自针对大理石墓
碑的外观设计写下了指导意见——他想在妻子的坟墓上竖立一块墓
碑，后来也作为自己的墓碑。除了他为墓碑设计的文字中一些口语
化的日德兰方言未被采用以外，他的其他要求都得到了满足。直到

今天，那块墓碑仍然屹立着："安妮·克尔凯郭尔 / 出生在隆德 / 于 1834 年 7 月 31 日 / 在她人生的第 67 年 / 回到了主的家 / 她留下的孩子们 / 亲戚和朋友们 / 爱她和想念她 / 尤其是她年迈的丈夫，迈克尔·彼得森·克尔凯郭尔 / 于 1838 年 8 月 9 日 / 在他人生的第 82 年 / 跟随她 / 进入永生"。

婚姻

　　一方面，克尔凯郭尔本人的婚姻观似乎与他父母对婚姻的更平淡的态度大相径庭，他诗意地描述了为婚姻提供基础的充满激情的爱情，这表明他本人是浪漫主义的后裔。另一方面，他强调婚姻需要长年累月的努力经营，这种做法会使他远离浪漫，他的观点可能根源于他自己父母的婚姻。

　　娶妻的确是必不可少的事情，然而任何一个曾经漫不经心地对待情欲之爱的人，都很有可能会使他的额头、心脏和屁股在十足的严肃和庄重中遭受沉重的打击；情欲之爱仍然是轻浮的行为。即使他的婚姻涉及整个国家，在钟声响起后，教宗为他们举行婚礼，婚姻对他来说也并非任何本质的东西，他的婚姻在本质上仍是轻浮的行为。

对克尔凯郭尔来说，婚姻是爱情与责任的结合——在时间上维持爱情是一种责任。他在《婚姻的审美效力》中说："婚礼不仅仅是一个仪式。"婚姻的前提是，即将结婚的两个人彼此相爱。

通过对婚姻的描述，克尔凯郭尔希望打破这种观念，即感官享受的爱情只能在婚姻之外找到。这样的解释可以归因于婚姻制度的世俗化，这种世俗化培养出一个被称为**婚姻联盟**的奇怪混合体，爱情与实用性在里面结合；**婚姻联盟**建立在年轻人爱情的基础之上，前提是这种爱情与任何必要的社会考量相容。

如果爱情完全被排除在婚姻之外，我们拥有的不过是一种**权宜式婚姻**。这种类型的结合，建立在由两个家庭的家长起草和同意的交互契约之上，克尔凯郭尔认为这是令人厌恶的。他称这种结合为"种马场里的诸般考量"，与真正的婚姻几乎没有真正的关系。克尔凯郭尔对权宜式婚姻的激烈批评乃是针对这样一个事实，即在这个框架内，婚姻的动机乃是出于爱情以外的其他各种考量。

第二条出路，也就是体面的道路，是权宜式婚姻。人们从这个称呼可以立即听出，它已经进入了反思的领域。……就这种关系放弃了真正的爱情而言，它至少是貌合的，但也由此表明，它并非这个问题的解决方案。因此，基于各种权衡利弊的婚姻应该被视为一种屈从，因为人生

> 中的各种迫切需求使屈从成了必然……因此，它通常是由那些早已达到懂事年龄的人缔结的，他们已经明白真正的爱情是一种幻觉。

　　权宜式婚姻建立在一些平淡的、世俗的条件之上，因此是没有情欲的。构成这种婚姻的基础不是激情，而是对家庭血统和社会结构的深刻认识。对克尔凯郭尔来说，真正的婚姻之爱要求爱情在根本上存在于感官—情欲的喜爱中，而这种喜爱已经存在于那些希望结婚的相爱者的内心：

> 显然，真正的构成元素和实质是爱情，或者，如果你想更具体地强调，就是情欲之爱。一旦这一点被剥夺，婚姻生活要么只是一种感官欲望的满足，要么只是一种联盟，一种伙伴关系，心中有这样或者那样的目的；然而，爱情，无论是迷信的、浪漫的、骑士风度的爱情，还是更深层次的充满生机勃勃之信念的符合礼教的爱情，恰恰都蕴含着永恒这个先决条件。

　　感官—情欲的欲望是建立婚姻的基础，建立在爱情之上的婚姻不能仅仅被视为一种偶然的建构，这是因为婚前之爱情和婚后之爱情之间的特殊关系。相爱者之间觉醒的欲望是一种对彼此的感官—情欲的吸引，可以描述为"一种悄悄地变得确定的预感，你以多种方式被吸引到它那里，直到爱情清楚地表明自己是基础，而且将你的跃跃欲试转变为**占有**"。在某种程度上可以说，是人生的巧合——让这对相爱者在爱情的幸福中走到了一起。在这一点上，克尔凯郭尔远离了"命中注定"之人以及"爱情是由命运决定的相遇"的浪漫主义思想。

欲望的觉醒是无法解释的：

有一句古话说，爱情比其他的一切都更古老。许多美丽而深刻的思想都与这句话联系在一起，以使用它来解释存在。然而，正如这句话在重大问题上是真实的一样，只要爱情在场，这句话就是真实的：爱情比其他的一切都更古老。例如，在个体的生活中，当爱情觉醒时，它就比其他的一切都更古老，因为当它存在时，它似乎已经存在了很长的时间；它将自己预设到遥远的过去，直到所有的追寻都在无法解释的起源中结束。一般说来，所有的开始都是困难的，而爱情的开始并非如此。它幸福的觉醒不需要经营，也没有任何预先的准备。即使爱情能够产生痛苦，爱情也并非在痛苦中诞生；它轻快地诞生，它兴高采烈地诞生，它在自己神秘的迸发中进入存在。这是多么美妙的一种开始啊！

这段引文证实了爱情在一个人内心深处的神秘起源，证实了克尔凯郭尔的预设，即爱情是我们裹挟于内心的东西，而非在一段关系中才首次出现的东西。这段引文探讨的正是爱情的觉醒。作为一个具体的决定，婚姻与爱情这个先决条件合而为一。这样一来，这个决定就成了永恒在时间里的开始，而爱情的恒久性和不可逾越性，变成相爱者在婚姻中的每一天必须面对的任务：

一个人年轻时想改变整个世界，然后发现必须被改变的是自己，而改变的必要条件是激励自己改变；或者说，任务是使自己保持不变，然而，哎呀，周围的一切都改变了！

此外，在爱情中，有一种内在的**对地久天长的渴望**。真爱的特征是它的永恒。这种永恒的感觉只是一种暗示，然而正是在此基础上，婚姻之爱才得以进一步建立。婚姻是一场关乎爱情的战斗，而婚姻中的相爱者必须不断地战斗。婚姻的任务是使爱情的形式保持不变。

　　因此有句话说，爱情能征服一切，这就是为什么婚礼不同于互送贺礼的任何节庆，婚礼是一个神圣的邀请，不是将相爱者当作征服者来欢迎，而是邀请他们发生冲突，将他们困在上帝所喜悦的婚姻战场上，鼓励他们去打美好的仗，通过盟约来增强踏入婚姻战场之人的勇气，在接受他们的誓言时向他们应许胜利，在漫长的旅程开始前给他们祝福，同时也告诉他们冲突是存在的：婚姻是一场必须战斗到底的冲突，婚姻是必须忍受的辛劳，婚姻是必然遇到的危险，如果二人不共同将其当作一种祝福来领受的话，那么婚姻就是一个诅咒。

- **金戒指**：4 颗钻石组成了一个十字架。索伦·克尔凯郭尔在订婚时，将这枚戒指送给了蕾琪娜·奥尔森。当婚约破裂后，她归还了戒指。克尔凯郭尔决定将钻石重新设计成一个十字架的样式，作为克己以及对上帝的爱的象征。他在余生中一直戴着这枚戒指。

充满迷恋的初恋

坠入爱河的时期是最有趣的时期，在有了第一次触碰魔杖带来的压倒性的感觉之后，从每一次邂逅，每一次瞥见（无论灵魂如何迅速地隐藏在眼帘后面），一个人都会带着一些迷恋回家，就像一只鸟儿忙着将一根又一根的树枝抓回它的巢穴，尽管总是感觉自己被巨额的财富压得喘不过气来。

1840 年夏天，当克尔凯郭尔获得神学硕士学位后，他前往日德兰半岛旅行，以父亲出生的那个狂风大作的地方作为或多或少具有象征性的目的地。他一回到哥本哈根，就于 9 月 10 日与比自己小 9 岁的蕾琪娜·奥尔森订了婚。蕾琪娜与克尔凯郭尔本人一样，是家里

的 7 个孩子中最小的一个。在克尔凯郭尔的《笔记本 编号 15》里有
几行字，从中可以读到这一切是如何认真开始的：

> 9月8日，我带着为整件事情一锤定音的坚定意图离
> 开了家。我们在他们房子外的街道上见了面。她说家里没
> 有人。我很鲁莽地将这些话理解为这正是我需要的邀请。
> 我和她走了进去。客厅里只有我们两个人站着。她有点不
> 安。我请她为我弹一段（钢琴），就像她通常做的那样。
> 她这样做了，却对我没有帮助。然后，我突然拿起乐谱，
> 合上它，不无激动地将它扔到钢琴上，说：哦，我在乎的
> 哪是什么音乐呀？我在追寻的是你，我已经追寻了你两年。
> 她保持沉默。

　　奥尔森小姐变得安静，实际"基本上沉默"，正如在接下来的
记录里所说的那样，这是完全可以理解的，克尔凯郭尔也没有更多
要说的话。在以上述的激烈方式将乐谱扔到一边后，他在"可怕的
焦虑"中匆匆离开了公寓，转而去找蕾琪娜的父亲。国会议员奥尔
森显然与那位年轻的钢琴家一样，对一切骚动感到茫然无措。克尔
凯郭尔向他描述了自己的情况，这引起了后者进一步的沉默："那
位父亲既没有说同意，也没有说不同意，然而我很容易理解，他毫

无疑问是相当愿意的。我问，我是否可以和她谈话；我被允许在 9 月 10 日星期六的下午和她谈一谈。我没有说任何话来取悦她——她答应了婚事。"那个星期二的下午，在公寓里的钢琴边发生的情况，可以反映出这两个人对彼此的了解实际上是多么少。尽管当时与订婚有关的所有仪式都与今天大不相同，克尔凯郭尔面对国会议员时的那种令人颤栗的拘谨，无疑是独一无二的。1840 年 9 月 8 日，克尔凯郭尔在奥尔森小姐上完钢琴课回家的路上遇到了她，我们仍然无法确定在这之前发生的大部分事情。《笔记本 编号 15》用以下简洁的句子描述了这段时间的情况：

> 甚至在我父亲去世之前，我就已经决定要娶她。他去世了。考试逼着我学习。在这整个期间，我允许她的存在与我的存在纠缠在一起。1840 年的夏天，我参加了和拿博士学位有关的考试。然后，我没有再多说什么，就去她家里拜访。我去了日德兰旅行，甚至在那时，我就已经开始有意无意地惹她注意了。我是 8 月份回来的。严格地说，从 8 月 9 日到 9 月的这个时期，可以称为我接近她的那段时期。

当商人克尔凯郭尔于 1838 年 8 月 8 日去世时，索伦·奥碧不仅成为一个富有的人，而且他感到有义务完成自己的神学学习。为考试而学习让他分心，然而他坚持了下来，分心也是因为蕾琪娜成功地将自己诱人地融入他的思绪。1839 年 2 月 2 日，他写了一篇关于一个女人的颂词，后来翻译成了好几种语言，她的姓"奥尔森"很普通，然而名"蕾琪娜"更有诗意：

> 你，我心中至高无上的女主人（蕾琪娜），藏在我胸中最隐秘的地方，在我人生最充实的各种思想中，在那里，它离天堂和地狱一样远，未识之神！啊，我真的能相信诗人的故事吗？当一个人第一次见到心爱的人时，他相信自己在很久以前就见过她；所有的爱情，就像所有的知识一样，都是回忆；爱情也有它的预言、它的体裁、它的神话，它是单独的个体写下的一部《旧约》。你无处不在，你在每个女孩的脸上。我看到了你的美丽的一丝踪迹，然而在我看来，我不得不拥有所有的女孩，才能从她们那里提炼出你的美丽；我不得不环游地球，才能找到我所不知道的那片大陆，而我全部的最隐秘的秘密却将它作为地极，指向它——下一刻，你离我如此近、如此真切，你如此有力地使我的灵魂完整，以至于我在自己的眼中变了像，觉得自己待在这里真好。你这盲目的爱神！正在偷看的你，会

公开告诉我吗？我是否能在这个世界上找到我正在寻找的东西，我是否能体验到我人生中所有怪异的前提得出的结论，我是否应该将你抱在怀里——或者：

是否命令是说：前进？

你有没有前进，你，我的渴望，你是否在召唤我、你是否变了像、你是否来自另一个世界？哦，我会抛开一切，变得足够轻盈，以便跟随你。

这些句子里含有令人窒息的幸福，然而精巧的意象中也含有一种伤感的离别之情，似乎暗示着这个命令实际上是在说前进，而且蕾琪娜永远不会成为构成不朽文学作品的昙花一现的素材。蕾琪娜不仅唤醒了情欲的激情，而且还激发出如此强大的艺术力量，以至于克尔凯郭尔在心灰意冷中意识到，他的命运不是做一个丈夫，而是——做克尔凯郭尔。因此，他不得不在 1841 年 10 月 12 日解除婚约。这引起了普遍的愤慨和蕾琪娜的极度绝望。这个让他负罪的悔婚情节，对他的作品产生了深远的影响，蕾琪娜从未以她的真名出现在其中，这些作品频繁上演的爱情冲突诗意地描述了这个女子。

"迷恋是高潮"

当克尔凯郭尔描述坠入爱河时,他强调迷恋并非简单地取决于我们与动物共有的一种(性的)内驱力。相反,它基于上帝赋予人的一种的感官—情欲的冲动,这种冲动表现为爱与被爱的欲望。在无意识的层面上,这种冲动已经可以被感受为一种梦幻般的、追求的欲望。克尔凯郭尔在《直接的情欲阶段或音乐的—情欲阶段》中以对莫扎特三部歌剧的审视为背景,描述了这种无意识的欲望。重点在于,无意识的欲望描述了上帝安置在每个人内心的爱,在一个人对他人的爱觉醒之前,这种爱就已经加给他,换句话说,迷恋与人们自身无法控制的激情有关。在《文学评论》中,克尔凯郭尔用以下一些术语来描述迷恋:

> 沉浸在爱里是一个人作为纯粹的人而存在的高潮,它是一种双重的存在,正因为如此,沉浸在爱里既是一种向外指向现实的关系,同时也是一种等量地指向内在的关系。幸福的情欲之爱是内外关系的平衡。更少地与内在、更多地与现实产生关系,是一种少了几分美的爱情;更多地与内在、更少地与现实产生关系,是一种倾向于不幸的爱情。

在迷恋中，一个人总是希望这种爱得到回报，希望自己的爱得到同样形式的爱的回报，即以迷恋得到迷恋的回报。当一方不以**同样的**爱回报另一方的爱时，他们的关系就是**不幸的**关系。例如，如果一个人的迷恋得到的回报是友谊、是冷漠，或者是单纯的敌意，就会出现这种情况。如果一个人对另一个人充满强烈的迷恋，而另一个人却保持着一段反思的距离，我们称之为**不般配**。迷恋被描述为"一个人作为纯粹的人而存在的高潮"，这一事实表明克尔凯郭尔将迷恋的开始归结为某种力量。迷恋是一件大事。当一个人变得迷恋时，必然会**发生**一些新事情。在迷恋中，爱情总是先入为主的："面对眼前的直接的存在，情欲之爱是更强大的力量。"这个情况表明，迷恋不是由任何意志作出的决定。一个人无法控制自己的迷恋："真正的爱情确实是一种让人无法安息的东西。"克尔凯郭尔在《自我省察：对〈现时代〉的赞扬》中这样说，并且指出了信仰和迷恋之间的某种相似。

坠入爱河时，一个人会被爱情的激情控制。一个人不会选择与谁相爱。在《反思婚姻以回答异议》中有这样的观点：施爱者并没有选择自己爱的人，因为选择的前提是一个人可以设定一些选择的标准。如果是这样的话，就意味着一个人去爱是**因为**另一个人值得被爱。然而一个人不可能给出自己迷恋的各种原因，不可能准确地确定自己为什么爱那被爱者。

　　所有的坠入爱河都是一个奇迹——那么，当相爱者在奇迹的神圣象征前跪拜时，不要惊讶于理解会停滞不前。……有一个范畴叫作"自主选择"，这是一个有点现代化的希腊范畴（这是我最喜欢的范畴，它蕴含着一个个体的存在），然而在谈论一个被爱者时，这个范畴永远不应该应用于情欲的个体，因为被爱者是上帝给施爱者的礼物……我拒绝以"自主选择"的方式选择；相反，我感谢上帝的礼物——由他替我选择更好——一个人心存感恩，才会愈加蒙福。我不希望通过以下做法成为笑柄：开始对被爱者发表愚蠢的、批判性的演讲，告诉她我爱她是因为这个原因，是因为那个原因，最后是因为这个原因——我爱她只是因为我爱她。

　　尽管克尔凯郭尔强调迷恋是人之存在的一部分，他却坚持认为迷恋具有谜一般的特征。同时，他还强调了**迷恋的身体归宿**。当一个人在迷恋时，旁观者可以很简单地看到和感觉到这个人的迷恋，在《或此或彼》中，克尔凯郭尔对坠入爱河的描述如下：

　　然而，正如所有爱的本质是自由与必然的统一，这里也是如此。个体在这种必然性中感觉到自己是自由的；在其中感觉到自身个体的能量，在其中精确地感觉到他拥有的一切。这就是为什么在每个人身上都能清楚地观察到，他是否真正地坠入了爱河。有一种变像，一种神圣化，贯穿了他的一生。在他身上，所有原本分散的东西都统一了起来；在同一时刻，他比平时既更年轻，又更年长；他既是一个成年人，又是一个青少年，事实上，他几乎是一个孩子；他既是强壮的，却又如此虚弱；正如我们说的，他是一个和声，在他的整个人生中回响。我们应该将初恋当作世界上最美好的事物之一来庆贺。

初恋

克尔凯郭尔有一个深刻的观念，即，当一个人第一次陷入迷恋时，这个人身上就一定会发生一些新的事情。感官—情欲是人类天性中内在的、根本的冲动，因此，它是（自然的）必然性的一部分。任何一个人都拥有这种无意识的、不确定的冲动。事实上，这种冲动必然会觉醒和破壳而出，因为迷恋是这种**必然性**的结构的一部分，因为得以实现的爱是一种交互的现象：爱情至少以双方为前提，并且朝向对方。作为回报，沉浸在爱中的人在变得迷恋的那一刻有**自**

由的感觉。就像《文学评论》表达的那样："正如所有的激情一样，情欲之爱也是如此，在坠入爱河的神圣时刻，经历这种爱的人自由地站在幻想的顶峰，自由地观察着广阔的全世界。"

当一个人恰恰爱上了**那**另一个人，这是一种自由的行为。这里没有任何预先的决定，没有任何必然性，没有任何有意识的选择，有的是一种几乎接近偶然的自由。因此，充满迷恋的初恋构成了自由与必然的统一。因此，可以说当一个人第一次坠入爱河时，这个人本身就变成了另一个人。她变成了爱特定的他人的这个自我。上面引文中提到了"和声"，正是由于一个人在与自己有关的意义上"认识"自我，将自我理解为与使自己的爱为人所知、从而使自己为人所识密不可分。克尔凯郭尔认为，每一种迷恋都有**第一次的性质**。在《关于阿德勒的书》中，他写道：

> 真正坠入爱河的人，可以说他也发现了情欲之爱，自古以来每个坠入爱河的人都可以这样说。坠入爱河，是纯粹而直接的内在性的先决条件。除了内在的辩证法以外，不再有其他任何的辩证法；除了内在的辩证法以外，不再有任何辩证法的先决条件；它是主观与客观的直接同一性。

克尔凯郭尔认为，第一次的迷恋是一件**里程碑式的大事**，会在相爱者身上留下它的记号。当他写初恋时，这不仅仅是在时间方面的第一次阐释，也是在说每一次迷恋，即使经历过若干次迷恋，迷恋都有这种第一次的特征，如上面的引文所示。每一次迷恋都是（重新）发现一次爱情。每当有人迷恋时，迷恋这件大事就会以初恋的形式发生。因此，强调迷恋的第一次的特征并非否认一个人可以爱几次，而是否认一个人可以将经验从一次迷恋转移到另一次，从而学到一些关于爱情的东西，变得让迷恋更加明智。学会变得迷恋是不可能的：

> 人的本质是激情，在这种激情中，一代人可以完美地理解另一代人，也可以完美地理解自己。例如，没有任何一代人从另一代人那里学会去爱，没有哪一代人能够不必从头开始，没有任何一代人的任务比上一代人更简略，如果有人渴望走得更远，而非像上一代人那样不停地去爱，那就是在愚蠢地空谈。

因为一个人无法从他人——或者从自己（经验）那里**认识**带着像迷恋这样的感官—情欲之爱去爱意味着什么，所以每一种迷恋都有第一次的性质。如前所述，初恋是某种特殊的东西，这个想法是克尔凯郭尔从浪漫主义的爱情观念中借用的。然而，他通过描述感官—

情欲**如何**在一个人身上**第一次**觉醒，成为针对特定的他人的爱情，进一步发展了这个想法。在这方面，他强调这种觉醒对恋人的自我理解具有根本的重要性。

对初恋的颂赞并非出于一个人谨防自己朝三暮四和反复无常，而是为了**在个人的生平中辨别出一个时刻**，那一刻感官—情欲之爱使**意识**产生了一种至关重要的**变化**。意识的**这种**变化发生在一个人爱上另一个人的时刻，于是，这个人在身体和灵魂方面体验到**爱情的意义**。当爱情第一次觉醒时，感官—情欲的无意识被**永远**打破了，爱情**获得了一个向外的方向**。爱情作为迷恋破壳而出。在这个意义上，初恋作为时间上的第一次，具有一次性的特征，因为这种觉醒与随后的意识变化只发生过一次。然而，一个人每次经历迷恋时，都是会体验到坠入爱河带有一次性的特征。

> 现在我并不羞于再次提到这两个字：初恋。对于幸福的个体来说，初恋也是第二次、第三次和最后一次；在这里，初恋以永恒作为先决条件。

因此，初恋的重要性**不是**因为它在**数量**上是一连串的许多次爱情中的第一次，而是因为它在**品质**上是第一次，可以导致个体的新认识。

> 情欲之爱就是坠入爱河；在坠入爱河的原始阶段，情
> 欲之爱本身就开始存在了。情欲之爱不是作为客观的某种
> 东西存在，它只在每次有人坠入爱河时才出现，只存在于
> 相爱者的内心；它不仅只为相爱者存在，而且只存在于相
> 爱者的内心。

与"她"的关系

当一个人思索克尔凯郭尔赋予第一次的迷恋如此决定性的意义
时，毫不奇怪的是，随着时间的推移，他一次又一次地回到自己与
蕾琪娜的关系上。尽管只过了 13 个月他们就解除了婚约，然而迷恋
对一个人产生的奇妙而持续的改变作用，也在他自己的人生和作品
中留下了确凿无疑的一道道痕迹。已出版的作品中充斥着不幸的爱
情故事，而克尔凯郭尔在自己的日记和笔记本中不断地回到"她"
那里。然而，他对写到纸上的东西很谨慎——因此，在 1846 年：

> 我不能让自己写下任何关于她的东西。我对纸张是
> 怀疑的；我担心它可能会以某种方式落入第三方手中并
> 且打扰她，现在的一切都在某种程度上是正确的。至于

我自己，我希望上帝将记住一切，也将记住我；从那天起，我每一天从早到晚思索这个问题。她对我提了最后一个要求——即我偶尔要想起她——她当然不需要向我提出这个要求。

我们不知道克尔凯郭尔为什么解除婚约；可能不止一个原因，而是有几个原因。事实上，甚至他自己可能都不知道为什么。但是我们知道，他经历了迷恋这件大事，因为如果他自己没有感觉到迷恋带来的转变，他就不可能在对迷恋之本质的讨论中如此深刻地描述迷恋。在《讲演集》中，他写道：

如果你自己从来没有爱过，你就不知道这个世界上是否有任何人被爱过，尽管你知道有多少人宣称自己爱过，宣称自己已经为情欲之爱牺牲了自己的生命。然而他们是否真的爱过，你无法知道；如果你亲自爱过，你就知道自己已经爱过。盲人无法分辨各种色差；他必须满足于其他人向他保证各种色差确实存在，保证它们是这样的，保证它们是那样的。

　　只有曾经迷恋过的人，才能描述迷恋。可是蕾琪娜呢？她的各种思绪是否也经常回到她以前是克尔凯郭尔的未婚妻的时候？无论如何，克尔凯郭尔为蕾琪娜和她的丈夫做了力所能及的事，使他们无法忘记他。1847 年 11 月 3 日，她与约翰·弗雷德里克·施勒格尔结婚；施勒格尔后来成为丹麦西印度群岛的总督，这对夫妇在 1855 年到 1860 年之间在那里生活。蕾琪娜于 1856 年 5 月 12 日给克尔凯郭尔的侄子亨利克·隆德写了一封信，而此前亨利克·隆德曾从拍卖的克尔凯郭尔的家居用品中挑选了一些珠宝，并且寄给了蕾琪娜。她写道：

> 　　那两枚胸针原来是我的，我很高兴收到它们。（……）戒指我也认得。那个镶嵌着透明宝石的戒指已经变成了十字架的样式，这当然不是没有意义的。然而，一想到我收到了所有这些东西，可能已经夺走了你的一件珍贵的纪念品，这让我很伤心。

　　因此，"两枚胸针"是她的，而"第三枚"一定是属于其他人的。它可能属于克尔凯郭尔的母亲或者某个早逝的姐姐，甚至可能是——奇怪的想法！——属于亨利克·隆德的亲生母亲？另一方面，那枚订婚戒指是"认得的"。起初，蕾琪娜很难认出那是克尔凯郭尔的戒指，"带有透明宝石的那枚"，因为它"已经变成了十字架的样式，这当然不是没有意义的"。她的这个假定是正确的。婚约破裂以后，克尔凯郭尔让一个银匠改造了那枚戒指，使它的 4 颗宝石形成一个十字架，以表明他永远属于上帝——事实上，他一直都属于上帝。"有时会发生这样的事，"他在 1849 年的日记中写道，"小孩还在摇篮里就和有一天会成为他的妻子或者丈夫的人订了婚；从宗教上讲，我在幼年时就已经和上帝订了婚。啊！我为曾误解我的人生和忘记自己已经订婚，付出了沉重的代价！"戒指上的十字架每天都会提醒他这一点，因此它是一个闪闪发光的纪念品，让他回忆起这个事实：尘世的这个婚约可能冒犯了他在天上的主。

因此，克尔凯郭尔有意识地希望将蕾琪娜从他身边推开，以便她能继续生活、继续去爱。制定这个计划比实现它更容易，这一点从日记的许多记录中都可以看出；在日记中，克尔凯郭尔对于蕾琪娜事实上已与约翰·弗雷德里克·施勒格尔订婚并结婚，表达了自己的懊悔。在蕾琪娜与施勒格尔结婚后，他立即以无奈与痛苦参半的心情指出：

那个女孩已经给我带来了足够多的麻烦。现在她——没有殉情——而是步入了幸福而美好的婚姻。6 年前的同一天，我说了那些话——并且被人们宣称是所有卑鄙的恶棍中最卑鄙的那一个。出人意料！

- 带有底座的**巴西红木橱柜**。有一次，蕾琪娜·奥尔森宣称她想和克尔凯郭尔一起生活，即使这意味着她必须住在"一个小橱柜"里。克尔凯郭尔后来让一位橱柜制造商制作了这个橱柜。他用它存放"所有让（我）想起她的东西，以及可能让她想起我的东西"。
- 一串小小的、空心的、有凹槽的银球组成了这条**手链**。每个球都由一根细细的银管连接。索伦·克尔凯郭尔在订婚期间将它送给了蕾琪娜·奥尔森。
- 属于蕾琪娜·奥尔森的**手镯**。

破裂的关系

1841 年 8 月 11 日，星期三，当克尔凯郭尔将订婚戒指还给蕾琪娜时，还附上了一封分手信。在他眼里，这封信是一块文学瑰宝，以至于后来被**一字不差**地收录在"有罪 / 无罪"中，那是一部以假名出版的作品。给蕾琪娜的那封信已经遗失，却在这部作品中被转载了：

> 为了不继续排练那毫无疑问一定会发生的事情，以及当事情发生时，什么必定会提供所需的力量——那么让它发生吧。最重要的是，忘记写这篇文章的人；原谅一个男人，即使他有能力让一个女孩幸福，毫无疑问，他没有那样做。在东方，送回丝绳对接受方来说是一种死刑；在这种情况下，送回戒指很可能对送出戒指的人来说是一种死刑。

　　蕾琪娜读到这几行字时魂不守舍，她立即跑到克尔凯郭尔位于诺雷街的公寓，想要与他谈一谈。由于他不在家，她走进他的房间，留下了克尔凯郭尔后来描述的一张"彻底绝望的便条"，在便条里她恳求他"为了耶稣基督的缘故，以及为了纪念我已故的父亲"。"然后，"克尔凯郭尔继续说，"别无他法，我只能尽最大的努力支持她，如果可能的话，通过欺骗的手段去做让她远离我的一切事情，以便重新点燃她的自尊心。"

　　于是，"充满各种恐怖的时期"开始了，据克尔凯郭尔自己说，他被迫表现得像一个使这种关系破裂的"一流无赖"，他本人将这种行为视为"最不同凡响的英勇"。F. C. 西伯恩教授回忆说："当他想与她断绝关系时——却是通过强迫**她**与他断绝关系——O. 小姐针对他的这种行事方式说，他虐待了她的灵魂。她使用种那个表达，因为她对此深感愤慨。"无论如何，这种流氓策略似乎是有效的，因为许多年后，蕾琪娜宣布与**他**决裂的是她。此外，西伯恩还试图安慰她说，她应该庆幸"没有成为克尔凯郭尔的妻子，他的天性过于持续地定睛于自己，这个男人被反思束缚着"，他要么会"用嫉妒折磨她"，要么与她一起生活，却"好像对她完全不关心"。当这对年轻恋人乘坐马车去鹿苑时，西伯恩有时会坐在马车里作男性陪护，后来，他拒绝针对这段关系终止的原因说出任何东西，尽管他能够说出的事情"很少有人知道，可我知道。然而我认为其中最重要的那件事情，我不敢写在纸上"。1849 年，克尔凯郭尔本人用这些话总结了整个时期的情况：

> 那是一段令人惧怕的痛苦时光——我不得不如此残忍，然后又像过去一样去爱。她像一头母狮一样战斗；要不是我相信自己拥有来自上帝的抵抗（能力），她已经赢了。然后，大约在两个月以后，婚约破裂了。她陷入了绝望。这是我有生以来第一次斥责别人。这是我唯一能做的事。

克尔凯郭尔直接从博斯盖德街的奥尔森家去了皇家剧院，因为他希望与埃米尔·博伊森交谈。"这就是当时在小镇上流传的故事的主要部分，大意是，据说我亮出自己的手表，对那家人说，如果他们还有什么话要说的话，他们最好快点说，因为我必须去剧院了。"当演出结束，克尔凯郭尔要离开剧院的第二层时，蕾琪娜的父亲特基尔德·奥尔森从第一层走上来，走到克尔凯郭尔身边，要求与他谈一谈。于是，两个人一起回到了博斯盖德街。

> 他说：这将导致她的死亡，她已经完全绝望了。我说：
> 我会尽量让她平静下来，但这件事已经决定了。他说：我
> 是一个骄傲的人；我求你不要与她分手，虽然这很难。他
> 真的很高傲；我被他吓了一跳。然而我坚持自己的立场。
> 那天晚上，我和他们一家人共进晚餐。我离开时和她说了话。

第二天早上，克尔凯郭尔收到了特基尔德·奥尔森的一封信，信中说蕾琪娜一夜未眠，所以他请求克尔凯郭尔来看望她。克尔凯郭尔这样做了：

> 我去了那里，让她明白分手的理由。她向我提问：你
> 永远不会结婚吗？我回答：嗯，是的，十年后，当我开始冷
> 静下来，那时我需要一个精力充沛的年轻姑娘来使我恢复活
> 力。这是一种必要的残忍。然后她说：请原谅我对你所做的
> 一切。我回答说：其实应该是我请求你原谅我做的一切。她
> 说：答应我，要想起我。我答应了。她说：吻我。我吻了她——
> 却没有激情。仁慈的上帝……于是我们分开了。我每个夜晚
> 都在床上哭泣。然而到了白天，我又变成了通常的我，比以
> 前更机智、更轻率（；）这是必要的。

在这处笔记旁边的空白处，克尔凯郭尔高呼"仁慈的上帝"，他补充说，蕾琪娜曾在她的"胸口"藏有"一张小便条，上面抄录了我的一些话"。没有人知道上面写了什么。蕾琪娜拿出这张小便条，悄悄地将它撕成小块，并盯着前方说："（……）所以你也跟我玩了一个可怕的游戏。"摆出这种姿态是一个果断的行动。蕾琪娜摆脱了那张便条，放弃了做一个活在纸墨中的蕾琪娜，回到了现实。她自己也记得，在最后的告别中，她说："我不能再那样做了；再吻我一次，然后去获得你的自由吧！"

从此以后，分手成为了现实。索伦和蕾琪娜后来交换了他们寄给对方的信件；然而我们不知道这是何时发生的。我们知道克尔凯郭尔还从奥尔森家收到了"我所有的东西，等等"，而他写给蕾琪娜父亲的一封信"原封不动地被退回了"；这封信已经不存在了。

彼得·克里斯蒂安·克尔凯郭尔在1841年10月的日记中写道："在10日（？），经过长时间的挣扎和绝望，索伦解除了与奥尔森小姐（蕾琪娜）的婚约关系。"这个问号打得很好，因为分手实际上发生在1841年10月12日，星期二。克尔凯郭尔本人也不记得了，他其实对各种特殊日期都有自己的仪式感。他后来试图用自己的日记和旧报纸来重建围绕那个时间点的时期，却徒劳无功。

婚约破裂的消息很快就传遍了全镇，人们开始议论纷纷。有传言说，有一天晚上克尔凯郭尔邀请蕾琪娜去剧院看《唐璜》，然而

序曲一结束，克尔凯郭尔就起身说："现在我们要离开了。你已经
得到了最好的，得到了你期待的快乐！"许多年后，当朱利叶斯·克
劳森小心翼翼地将这个故事告诉蕾琪娜时，她说："是的，我清楚
地记得那个晚上；不过，在第一幕之后，我们就离开了，因为他头
疼得厉害。"亨利克·赫兹加入了充满许多愤怒声音的合唱团，并且
提供了"可爱而年轻的奥尔森小姐"的故事，他批评克尔凯郭尔"简
直是要用自己的各种怪癖将她折磨致死"：

> 有一天，他用一辆马车接她到乡下兜风；对此，她感
> 到无法形容的幸福。然而，在韦斯特布罗兜了一圈之后，
> 他调转车头将她送回了家，这样她就会习惯于否定自己的
> 各种欢愉。他本该为此被打屁股。

奥尔森家族中也出现了极大的恐慌。当彼得·克里斯蒂安告诉他
的兄弟，他将尝试向那家人解释索伦并非如表面看起来那样相当"流
氓"，克尔凯郭尔立即抗议："我说：你可以这样做，但是我将一
枪打爆你的头。这是这件事对我影响有多深的最好证明。"

爱的橱柜

与蕾琪娜分手几年后，克尔凯郭尔请人制作了一个相当独特的巴西红木橱柜，这个橱柜是字面上按他们订婚期间的一句戏剧性的话制作而成。蕾琪娜如此渴望与克尔凯郭尔在一起，以至于在他们的一次交流中，她主动提出自己可以接受住在一个小橱柜里。为了这个目的，克尔凯郭尔请橱柜制造商制造了一个橱柜，他在日记中对此作了详尽的说明：

> 当我住在诺雷街的时候，我在二楼放了一个巴西红木制成的橱柜。它是根据我自己的设计制作的，而这又是她这个可爱的人在极度痛苦中所说的那些话导致的。她说，如果我允许她和我待在一起，即使她不得不住在一个小橱柜里，她也会终生感谢我。考虑到这一点，制作好的橱柜没有任何搁板——在橱柜里，精心保存着让我想起她以及或许让她想起我的一切。还有给她的假名（作品）的副本；总是只用牛皮纸印刷两个副本，一个给她，一个给我。

在这个非凡的蕾琪娜陵墓里，躺着一版吸引人的《或此或彼》，是用像羊皮纸一样光滑的牛皮纸印刷的，还专门用轻薄的纱质云纹丝绸装订，带有金色的花朵装饰和三面镀金的侧边。扉页纸是绿松石色的绢纸，使作品的入口显得空灵且梦幻。橱柜里还收藏了《重复》和《序言》等作品，这些作品被小心翼翼地保存着，只有恋物癖才会这样做；还有一本用棕色天鹅绒装订的《作为结论的非科学的附言》，耗资不菲，同时给人留下了相当厚实的印象。

克尔凯郭尔设法以这种忧郁的、仪式化的方式，保存他对蕾琪娜的爱情。这是一种没有结果的爱情或者迷恋，已经变成了纯粹的狂热。确切地说，它被封闭或者限制在一个锁着的橱柜里。这种记述方式是否与在"有罪／无罪"的导言中所描述的发现奎达姆日记的方式类似？据说，奎达姆的日记被藏在一个淹没在索伯格湖底的盒子里。当盒子被捞起来时，需要用力才能打开，因为钥匙在里面，而"反锁的储物柜总是需要以这种向内转动的方式打开"。平心而论，我们也可以用同样的话来评价克尔凯郭尔对自己的前未婚妻的爱——然而，重要的是，蕾琪娜实际上成功地改变了他，所以他没有成为自己以外的另一个人，而是成为了他自己——蕾琪娜也是如此。

- 黑色椭圆框中的一绺头发。背面写着"索伦·K 的头发 1855 年"。根据家族传统，这绺头发是在克尔凯郭尔临终前取下的。它后来被他的侄女亨丽埃特·隆德拥有。

自爱的各种形式

一小绺头发被一根脆弱的细绳捆束在一起。这就是克尔凯郭尔的遗体给我们留下的一切。这些头发没有多少，然而当人们想到克尔凯郭尔对内在和外在之间关系的反思时，也许是很富余的；在他身上，内在和外在之间也有一种相互对比的关系。他的同时代人之一，神学家彼得·克里斯蒂安·扎勒写道："克尔凯郭尔长得像一幅怪诞的漫画。"他接着进行了以下简练的描绘：

> 在那顶低矮的宽边帽下，可以看到他的大脑袋和一头浓密的深褐色头发；蓝色的、炯炯有神的双眼；他的脸呈淡黄色，脸颊凹陷，两颊和嘴巴周围有许多深深的皱纹，

> 这张嘴即使在沉默时也像在说话。他经常将头稍微偏向一边。
> 他的背有点弓。他的手臂下夹着一根手杖或者一把伞。棕色
> 大衣紧紧地扣住这个瘦弱的身体上。虚弱的双腿似乎不确定
> 能否承受它们的负担，但是在很长一段时间里，它们一直将
> 他从书房带到室外，他在那里享受自己的"人民浴"。

扎勒为年迈的克尔凯郭尔画过一幅肖像，然而根据许多人的说法，由于克尔凯郭尔的衰老速度非常快，因此将肖像画的日期追溯到 19 世纪 40 年代末甚至更早也是合理的。有一天，在与克尔凯郭尔的一次谈话中，汉斯·布罗赫纳谈到了存在的强度与生理年龄之间的关系，他宣称克尔凯郭尔实际上是他所认识的"最年老的人"，克尔凯郭尔听后只是笑了笑，显然接受了布罗赫纳的"计算方法"。

此外，情况可能更少地取决于一个人观看的角度，更多地取决于一双观看的眼睛。正如扎勒在这里所做的那样，一个人可以将克尔凯郭尔描述为"背有点弓""肩膀高耸"（蕾琪娜），或者"肩膀有点向前拱"（哥德施密特），或者"外形有点不规则"（布尔赫纳），或者"有些弯曲，似乎正处于驼背的边缘"（西伯恩）或者"有点畸形或者无论如何是圆肩"（赫兹），或者"圆肩"（奥托·辛克），或者干脆是"驼背"（卡尔·布罗斯博尔以及特罗尔斯·隆德）。无论如何，这个后来举世闻名的后背并不是笔直的，据亨丽

埃特·隆德和其他人说，它的不规则也许是因为他曾经从哥本哈根北部的布丁格马克村的一棵树上摔下来造成的。"他的身体形态很醒目，并非真的丑陋，当然也并非令人厌恶，而是有一些不和谐的地方，它们相当轻微，却也是沉重的，"哥德施密特写道。他的肖像画逐渐变成印象派的那种天才笔触，"他走来走去，就像在形成的那一刻就已经消散的一缕思绪。"亨利克·赫兹在他 1840 年末的一本研究著作中，也用很好的笔触留下了一幅肖像画。当时他正在考虑写一出戏，其中将出现一个叫约翰尼斯·克利马科斯的特定的人，他的身材"出自鬼斧神工"，描述如下：

> （……）中等身材，双肩宽阔，背部很圆，下半身较瘦；走路时有点弯腰；细细的相当长的头发；蓝色的（？）双眼；声音经常变成高音或者有点尖锐。他也相当容易被逗笑，却又会突然变得严肃起来。他身上有一些令人愉悦的东西……一些供人消遣的东西（他总是不紧不慢）。他坐着或者躺着的时候都很惬意，身体有一种轻松感。他身上有确定性。

克尔凯郭尔似乎将自己的身体视为一种必然的罪恶，一个暂时的尘世皮囊。他在 1848 年痛苦地写道："成为一个强壮而健康的人——他可以参加一切活动，拥有体力和无忧无虑的精神——哦，早些年我多么经常地希望自己是这样。在我年轻的时候，我的极度痛苦是惊人的。"在皇家救生队服役仅 4 天，他就获得了医生开出的"因不适合服役而退役的证明"。而且，当他在订婚的那一年上马术课时，他的各种平衡技能也不显著。汉斯·布罗赫纳说："他在马背上的表现不是特别好。"他在适当的距离陪伴着克尔凯郭尔。后者僵硬地坐在马背上，给人的印象是他在不断地回忆骑师的各项指示。在马背上，他几乎没有什么自由来追踪自己的各种思绪和幻想。所以，他很快放弃了这项运动。绝对没有任何理由谈及舞蹈——他拒绝跳舞时是迅速的，而且几乎可以像一条原理那样公式化地表述出来："（……）不，非常感谢，我不会跳舞。"对于一个身体如此不利于自己的男人来说，在蕾琪娜的忠诚面前，他一定倍感震惊，当看起来这种忠诚完全给予他时更是如此："她既不爱我的鼻子，也不爱我的眼睛，既不爱我小小的脚，也不爱我聪明的脑袋——她只是爱我，尽管她不理解我。"

正如幸运会发生在大多数人身上一样，在时间的流逝中，克尔凯郭尔也似乎与自己的身体建立起一种更加和解的关系——《海盗报》当时几乎迫使他更幽默地对待自己的身体。同样相当重要的是，他逐渐将自己身体的弱点和缺点转化为一个神学观点。正如他在 1854 年的日记中写道：

> 一个双腿纤瘦的、身材修长的、病态的可怜人，身体几乎和孩子一样虚弱，这样的身材让每一个四肢发达的人都觉得，作为一个男人几乎是可笑的——他却被用来做连巨人都无法承受的工作。注意这一点，你们这些无赖，我是在场的，我是全能的；你们没有看到其中的荒谬吗？

精神和身体之间的差异不仅仅是一个神学观点；它也是艺术创作的一个先决条件。因此，几乎不用多说，正是克尔凯郭尔身上带有悖论逻辑的身心冲突，使他在世界文学中取得了如此巨大的成功。

> 从最深刻的意义上说，我是一个不幸的个体，从我最早的那些时光起，我就被牢牢地钉在各种痛苦上，钉在精神错乱的边缘，这可能有其更深的原因，那就是我的心灵和我的身体之间的错误关系——因为（而这对我来说是非凡的和无限的鼓励）我的身体与我的精神完全没有关系，也许正是因为心灵与身体之间的紧张关系，我的精神反而获得了一种不同寻常的弹性。

这种内在和外在之间的冲突关系在克尔凯郭尔身上彰显出来，

他像一缕思绪一样游来荡去，尽管这缕思绪在形成的那一刻一定有点心事重重，正如哥德施密特如此精确地表述的。我们都知道，内在不是外在。

亲爱的读者，你可能有时会怀疑那个熟悉的哲学理论即"外在是内在，内在是外在"的准确性。

这是克尔凯郭尔在 1843 年 2 月 20 日写下的《或此或彼》的开头，他的写作生涯从此开启。然而，即使克尔凯郭尔很可能像他的"亲爱的读者"一样怀有同样的怀疑，也并不意味着他在内在与外在之间建起了防水的搁板。他可能会强调，内在不是外在；但是这并不意味着内在无法**在外在中显示自己**。为了使内在反映在外在中，外在必须有某种形式的透明度，使这种深度得以显现。如果内在退缩并将自己封闭起来，这种透明度就可能被遮蔽起来。克尔凯郭尔的情况也许就是如此？他外表上表现出的驼背和不安也许阻碍了旁观者进入他的内心？旁观者对他的凝视受到了迷惑。这也许就是为什么描绘克尔凯郭尔的画作如此之少：

出于这个原因，艺术肖像画的主题必须拥有一种平静的透明度，以便内在处于正确的位置，而且与外在保持一致。

情况越是如此，艺术家的任务就越是困难，直到差别本身告诉他，这根本就不是他能完成的任务。

这段话是在《或此或彼》第一部分的"剪影"中说的。内在不是外在，然而它可以通过这种方式使自己为人所知。内在是什么？一个人的内心深处是什么？它是这个人与他／她自己的关系。与自己相处的正确方式是什么？就是用正确的方式爱自己。

自爱

对克尔凯郭尔来说，每个人都爱自己是一个基本的前提，在《爱的作为》中以如下方式表达："当人们说：'你要爱人如己，'这包含了一个前提，即每个人都爱自己。"然而沿着这一点，克尔凯郭尔明确指出，尽管可以说基督教以每个人都爱自己为先决条件，然而这绝不能被误解为"好像基督教的意图是宣称自爱是一种约定俗成的权利"。

自爱就是爱自己。因此，施爱者与被爱者是同一个人。然而对克尔凯郭尔来说，自爱不仅仅是一种消极的现象；相反，一个人只有爱他的自我，才能成为他自己。自爱是精神—情欲之爱的一种形象，它本身受制于**意识**，与一个人和自己的关系有关。**情欲的**方面可以保证自爱是**充满激情的产生关系的方式**，缺少情欲的方面，一个人无法将自爱描述为真正的爱。人在自爱中不会变成另一个人，而是可以这么说，他回到自己身上，和自己一起成长。在《或此或彼》的第二部分，威廉法官解释了**选择**自己的结果：

> 他没有变成和以前不同的人，而是变成了他自己。意识整合了，他就是他自己。就像一个继承人，即使他是整个世界财富的继承人，在他成年以前也无法拥有这些财富，所以最富有的人在他选择自己之前什么都不是；另一方面，即使是被称为最贫穷的人，在他选择自己以后，也就拥有了一切，因为伟大并非做这个人或者那个人，而是做自己，只要每个人愿意，他都可以做自己。

选择自己可以说是一种特殊形式的自爱，是一个人对实际存在的自我的爱。克尔凯郭尔区分了几种**不同形式的自爱**。每个人都有一种内在的自爱，可以称为**自发的**自爱。这种形式的自爱通过**自我保护的本能**表现出来。还有**糟糕的**自爱，克尔凯郭尔称之为**自私**。最后，是克尔凯郭尔称之为自爱的那种**正确的**自爱。因此，自爱可能会恶化或者被完善。如果它恶化了，它就变成了自私。如果它被完善了，它就会变成正确的自爱。

自我保护的本能

自发的自爱表现为一个人自我保护的本能，它既不取决于有意识的决定，也不取决于事先的计算，而是在不知不觉中侵入我们。我们不禁想要保护我们的自我及其身体形式，因为自我保护的本能尤其关注后者。当自我保护的本能**觉醒**时，当身体受到这样或者那样的威胁时，它就会获得对自身的意识。通过觉醒的、有意识的自我保护本能，一个人开始意识到自己是一个必须被保护的自我，一个必须关心自己、爱自己的自我。试图保护自己的人恰恰会意识到，他有一个必须关心的自我，一个被嵌入身体并暴露在危险中的自我，无论这个自我是想象的还是真实的。因此，严重的疾病和其他危及生命的事件会导致一个人改变他对自己的看法，这绝非巧合。因此，自发的自爱自发地有一种粗浅的认识，即有一项任务与自我以及对自我的爱有关联。因此，自爱是否可以被定性为好的或坏的，取决于它与自己产生关系的方式。

无意识的自我保护本能，是自发的自爱的一个初级阶段。当我们受到疾病或者其他形式的身体攻击的威胁时，当我们试图保护自己免受危险而被抛向自我时，与觉醒的自我保护本能相关联的一个意识元素将自身显明出来。当我们有时放弃与这种或者那种危险进行斗争时，我们就会展示出我们的自我保护本能并非一种纯粹的自然本能。当自我受到威胁，自我保护的本能作为有意识的自爱觉醒时，绝望仍然是一种可能性。这里所说的绝望，是在放弃希望的可能性的意义上。

绝望的可能性在《致死的疾病》中被描述为"人是精神"这个事实的标志或者结果，自我保护本能与自爱之间的关系是因为精神这个元素：

> 一旦人不再被视为由精神定义的（在这种情况下，也不能提及绝望），而只是作为精神——身体的综合体，健康就是一种直接的先决条件，而精神或者身体的疾病就是唯一辩证的先决条件。然而，不知道人被定义为精神，这正是绝望的表现。

接下来可以说，如果一个人**忽略**了自我保护，反而屈服于暴力，无论是自己造成的暴力，还是其他人或者自然造成的暴力，都清楚地证明这是一个**绝望的**人，也就是一个**没有**以正确的方式**爱**自己的人。通过自我保护本能表现出来的自发的自爱，一开始不是消极的或者自私的。然而就像爱的所有形式一样，自发的自爱也可能改变和恶化，变成另一种东西，即变成自私或者自恋。

自恋

以自我保护为形式的自发的自爱，与对他人的爱并不是对立的。然而，如果与"被爱的自我是**世界中心**"的观念相结合，自发的自爱可能会不恰当地发展。这种观念会导致一个人爱上自己，并且将自己当作偶像。那么，自发的自爱就变成了**自私**，其特点是一个人以牺牲他人的自我为代价来爱自己的自我。克尔凯郭尔称自私为"不忠诚的自爱"。因此，自私是基于对自发的自爱的形式的改变。自私希望以牺牲另一个人的或者他人的自我为代价，以保护自己的自我。

克尔凯郭尔通过提到基督舍己的爱来解释如何改变这种自爱的形式，他强调基督**不希望**以牺牲人类为代价来保护自己；基督赴死恰恰表明他放弃了自我保护，因为他**不希望表现出自私**："他被钉在十字架上正因为他就是爱，或者说得更清楚一些，因为他拒绝自爱。"正如在 1849 年的《两个简短的伦理的—宗教的论述》中所说的，"一个人是否有权利允许自己为真理而被处死？"基督被钉在十字架上，因为他不同意这样的看法，即每个人都只关心自己。

克尔凯郭尔强调，自发的自爱可能会变成**自私的自爱**，如果它除了自己以外不知道其他任何尺度，或者更正确地说：如果要保护自己的个体自我，本身就是尺度。这可能导致一个人试图**以**牺牲另一个人的自我**为代价**，以保护他的自我。自爱因此变成心胸狭窄的一种**不易察觉的形式**。如果一个人将自己的自我置于另一个人的自我之上，这个人就会显露出这样的看法：**自己的自我比他人的自我更值得去爱**。克尔凯郭尔在《爱的作为》中定义了这种辩证法：

> 然而实际上，尽管一个人最经常在这一点上三缄其口，然而正是自我防卫、自我保护使心胸狭窄如此活跃，为的是摆脱自身以外的一切……正如有人在致命的危险中允许自己摆脱一切，因为这是一个生死攸关的问题，心胸狭窄也是如此，然而它自然地使用一切手段来捍卫自己的生命，剥夺生命的与众不同的个性——嗯，这些手段自然都是极其心胸狭窄的。虽然它允许自己摆脱一切，但是人们仍然可以肯定，它允许的一切都是心胸狭窄的。

如果一个人以牺牲他人的生命为代价来捍卫自己的生命，自发的自爱就变成了**自私**。当自发的自爱变成了**自私**，它就变成自爱的一种消极形式。

在自私的情况下，一个人会变成一个自我，一个**固执己见**的自我或者一个"肚脐精神病"的自我。"肚脐精神病"（Omphalopsychitic）一词由希腊语中的"肚脐"和"精神病"组成，用来描述一个**自恋的**

人。在这种自私的自我保护中，他人即使没有完全缺席，也是次要的，因为这个以自我为中心的人本身已经将自己变成了自爱的绝对中心。结果是，每一个人都只照顾自己。我们在诱惑者约翰尼斯写给科迪莉亚的一封信中，找到了对自私的自爱的一段精妙的描述：

我的科迪莉亚！

我爱上了我自己，人们这样说我。这并不让我感到惊讶，因为我只爱你，他们怎么可能看到我能够爱呢？既然我只爱你，其他人怎么能够怀疑这一点呢？我爱上了我自己。为什么呢？因为我爱上了你；因为我爱你，只爱你和真正属于你的一切，因此我爱我自己，因为我的这个自我属于你，所以，如果我停止爱你，我就会停止爱我自己。因此，在世俗人的眼中，这是极度自我中心的一种表达，在你那共享秘密的眼中却是最纯粹的同情的一种表达；在世俗人的眼中，这是最平淡的自我保护的表达，在你神圣的视线中，这是最有灵感的自我毁灭的表达。

你的约翰尼斯

约翰尼斯强调,他通过科迪莉亚爱自己,因为他自己属于她。然而这清楚地表明,他并非真的爱她,而是再一次地爱他自己。这也是《或此或彼》第二部分中描述的同样自私的迷恋,迷恋是选择自己的一种错误的方式,因此也是爱自己的一种错误的方式:

> 然而,已经无限地选择了自我的人能否说:现在我拥有了我自我;我别无所求,我以骄傲的心态(我就是我!)面对世间的一切起起伏伏?绝不!如果一个人这样说话;很容易看出他走错了路;严格地说,他最根本的错误实际上是,他没有选择自我;毫无疑问,他选择了自我,然而他是在自我之外选择了自我;他设想的是完全抽象的选择,却没有把握住具体的选择;他并没有以这样一种方式选择,以至于他在这种选择里保持自我,在他自我里面装扮自我;他选择自我是根据他的需要,而非在他的自由里选择;他从审美的角度作出伦理的选择是徒劳的。……他没有选择自我;像纳西索斯一样,他已经迷恋上了自我。

自私的自爱与抑郁的自爱

在《爱的作为》中，克尔凯郭尔对**不**以正确方式爱自己的行为有 6 种精确的描述。这些都是对自私的自爱的各种形式的描述，因为它们在一个不正确地爱他自己的人身上表现出来。在《爱的作为》中的标题为"你要爱"的第 2 篇论述中，我们可以找到对失败的自爱的 6 种描述。读者可以看到自私的自爱以 6 种不同的方式表现自己。这些描述以问题的形式向读者提出，表明我们必须问自己，我们是否能从自己的自我关系中**辨认出**对自私的自爱的这些描述。我们是否体验过这些描述中捕捉到各种自私的自爱的形式？

克尔凯郭尔首先问："当喧嚣者浪费他的时间和权力来为徒劳的、无关紧要的追求服务时，难道不是因为他没有学会正确地爱自己吗？"**喧嚣者**是一个将时间和生命都浪费在琐碎的、不重要的各种活动上的人。在**喧嚣者**的形式中，如果一个人一味地被流行的观点左右，或者仅仅被另一个人在特定时代的行为方式所左右，那么他会表现出自私的自爱。这是自私的自爱，因为这样一个只对"时代的要求"感兴趣的人，拒绝承认一个事实：他拥有一个从根本上注定爱自己的自我，他拥有的不是一个只有符合时代要求才值得去爱的自我。这就是绝望，因为**喧嚣者**其实根本**不**爱自己，他只爱通过追随时代潮流使自己成为的那个自我。根据那个时代的一些标准，他爱的是一个由他人决定的值得去爱的自我，而这些标准是相对的。

克尔凯郭尔继续问："当头脑简单的人几乎像个无名小卒一样将自己扔进当下的愚昧中，却对此一无所知，这难道不是因为他不知道如何正确地爱自己吗？"**轻浮的人**是一个不会很深入地思考自己在做什么的人，完全不会反思这样一个事实：他拥有一个自我，一个不是在瞬间的放弃中简单地形成的自我。**轻浮的人**可以被描述为让自己被当下的欢愉诱惑、被粗俗的东西陶醉的人。这是一个"不知道如何正确地爱自己"的人，一个**基本上**对他自己感到绝望的人，因此他可以如此轻易地放弃他的自我。

克尔凯郭尔继续描述道："当抑郁的人渴望摆脱生命，甚至摆脱自己时，这难道不是因为他不愿意认真地、严格地学习爱自己吗？"悖论的是，**抑郁的人**太容易放弃他自己，而放弃的原因与**轻浮的人**相反。**抑郁的人**希望摆脱自己，因为他认为自己的自我是某种负担，是某种他必须与之抗衡的东西，因此没有它的话，他会过得更好。**抑郁的人**可能试图在滥用或者剥夺中**淹死他的自我**。因此，**抑郁的人**的自私的自爱就是绝望。在《或此或彼》中，他强调抑郁不是一种生理疾病，还有许多医生认为——

（……）抑郁存在于身体中，奇怪的是，医生无法消除它。

> 只有精神才能消除抑郁，因为它存在于精神中，当它自己
> 被发现时，所有的小烦恼都会消失，使一些人抑郁的所有
> 原因都消失——根据这些人的观点，他们在这个世界上没
> 有家的感觉，他们太早或者太晚地进入这个世界，他们在
> 人生中找不到自己的位置。

当克尔凯郭尔提到自己和父亲的抑郁时，我们应该牢记他对抑郁的描述：一个人在这个世界上无法找到自己的出路，在人生中无法找到一席之地。因此，抑郁是一种失败的自爱。

这也适用于在遭受意外之苦时感到绝望的人，从而表明他没有以正确的方式爱自己。当在自然、文化或者与他人的各种关系中有灾难性的大事件发生时，我们人生的基础就会动摇。我们很难再继续去爱被如此痛苦地对待的自我。这并非因为克尔凯郭尔提倡在灾难降临时保持泰然自若的冷漠。相反，他强调，在所有提到的情况下，人**一定**会悲伤，人**一定**会心灰意冷，然而人一定不能绝望：

> 我没有权利对人生的痛苦变得麻木不仁，因为我要悲
> 伤，然而我也没有权利绝望，因为我要悲伤；我也没有权利
> 停止悲伤，因为我要悲伤。爱也是如此。你没有权利对这种

> 感觉不敏感，因为你要爱；然而你也没有权利绝望地去爱，
> 因为你要爱；同样，你也没有权利在你身上扭曲这种感觉，
> 因为你要爱。你要保护爱，你要保护你自己，通过保护你自
> 己来保护爱。

如果一个人因为上述的各种灾难而绝望，如果他对这个被折磨的自我感到绝望，这种绝望表明他**基本上**已经是绝望的，因为他没有以**正确的**方式爱自己，他只是通过自己拥有的东西爱自己：他的健康，他的财富，他的幸福。这样一个绝望的人将他的自我**放在第二位**，因此他并非真正地爱他的**自我**，而只是爱这个自我与其他事物和其他人的关系。如果一个人绝望了，他就放弃了他自己：他的自我。

克尔凯郭尔继续问："当一个人自我折磨地想通过折磨自己来服侍上帝时，除了不愿意以正确的方式爱自己以外，他还有什么罪呢？"为了上帝的缘故，以这种自我折磨的方式折磨自己的人，通过自我设计的各种惩罚表明，他并没有以正确的方式爱自己。他发明了一个**受苦的自我**，希望这个自我可以取悦上帝。在更深的意义上，自我折磨的人是以这样或者那样的方式试图**伤害或者毁坏**自己的人——也许是比喻性的，也许是字面意义上的。**自我折磨的人**并不爱他的自我，就像他与自己断绝了关系一样，因为从根本上说，他在自我折磨中**发明了**一个自我——一个人相信另一个人会**因为这个自我的受苦**而爱自己。折磨自己的人也处于绝望之中，这个事实无需进一步论证。

克尔凯郭尔使关于自我折磨的思想变得激进，最后他问道："唉，如果一个人自以为是地对自己施加暴力，他的罪不正是在此吗？他是否在一个人应该爱自己的意义上正确地爱自己？"伤害自己的人，自杀的人，就像一个抑郁的人一样——甚至可能是一个忧郁症患者——希望摆脱自己，却以一种激进的方式行事，不只是寻求在滥用或者剥夺中减轻他艰难的自我的痛苦，而是一条道走到黑，试图结束这个自我的生命。自杀的人也没有以正确的方式爱他自己。克尔凯郭尔用以下方式更详细地定义了他对自杀的观点："在身体的和外在的意义上，我可以落入另一个人的手里，然而在精神的意义上，只有一个人可以杀死我，那就是我自己。在精神的意义上，谋杀是不可想象的——毕竟，没有攻击者可以谋杀不朽的精神；只有自杀才可能杀死精神。"

在关于失败的自爱的 6 个描述中，克尔凯郭尔的目的是阐明，当我们专注于**一个人内心的方向**时，自私的自爱的各种形式是如何**出现**的。之所以有必要对自私的自爱的表现进行如此细致的描述，并且探寻它的可识别性，是因为自爱的这些自私的形式无法被**直接而容易**地观察到。

哦，世界上有很多关于背叛和不忠诚的谈论，并且，上帝帮助我们，不幸的是这一切都是真的，然而我们仍然不要因此而忘记，最危险的叛徒就是每个人内心的那个叛徒。这种背叛，无论包括自私地爱自己，还是包括自私地不愿以正确的方式爱自己——这种背叛无可否认地是一个秘密。没有人像通常在背叛和不忠诚的情况下那样，发出呐喊。然而，基督教的教义应该被反复铭记，一个人要爱他的邻舍如同自己，也就是说，如同爱他自己，这不是更重要吗？

自私的自爱将自己隐藏在忙碌、粗心、轻浮、抑郁、绝望和自我折磨之下，因此我们无法看到它。透明度在这里被遮蔽了，我们甚至无法通过外在感觉到内在。然而我们可以估计，因为内在通过外在将自己显示出来——通过一个人与他人产生关系的方式。因此克尔凯郭尔将正确的自爱以及对他人的爱等同于对邻舍的爱。一个人能够看到对邻舍的爱吗？不能，一个人可以看到对邻舍的爱导致的行为。吸引读者意识到自己以及自己的爱，克尔凯郭尔将这种写作方式定义为一种爱的行为——"在赞美爱时爱的作为"。

- **索伦·克尔凯郭尔的写字台**。写字台是桃花心木的，带有一个较低的搁板。搁板的前面是弧形的，写字台的两边和中间都有抽屉。盖子上覆盖着绿色毛毡。显然，克尔凯郭尔的公寓里有几张写字台，在处理不同的文本时，他会在它们之间游走。

- 由青铜、黄铜和铅制作的**烛台**。索伦·克尔凯郭尔去世后，烛台由他的侄女亨丽埃特·隆德继承。

爱邻舍的悖论

直接的自爱通过保持一个人头脑清醒的内驱力显示出来。自私的自爱则通过忙碌的时光、轻浮、鲁莽、抑郁、怀疑和自我折磨显示出来。正确的自爱通过爱自己的邻舍显示出来。对邻舍的爱是一种针对**每一个**他人的爱。

克尔凯郭尔说，对邻舍的爱，对"他人"的爱，是一个人加倍的自爱。直接的自爱由照顾自己构成，它必须被加倍，以便同时尝试用赋予自己的同样激情来关心他人的自我。因此，在《爱的作为》中，克尔凯郭尔强调了这样一个观念：爱邻舍的诫命的主要功能，是将一个人从自爱中摔出去。这条诫命被视为是一个特别强大的工具，它就"像用一把镐头一样"猛然打开了"自爱的锁"。

对他人的爱**可以容纳**自爱，就像前者**拥抱**后者——就像一个摔跤手在一场摔跤比赛中**拥抱**另一个摔跤手——从而将这种自私的自爱摔倒。克尔凯郭尔的那几个隐喻表达了这样一个观念：在人与人之间，在自私的自爱与对邻舍的无私的爱之间，存在着真正的权力斗争。他说，对自私的爱来说，对他人的爱是**致命的**。因此，在那里存在一场斗争——一方是一个人内心的自私，可以理解为为了对自我的爱而牺牲对他人的爱；另一方是对邻舍的爱，可以理解为对每个人的爱。这场斗争是**排他性的、因而是专顾自我的爱**，与**包容性的、因而是自我牺牲的**爱之间的斗争。

对克尔凯郭尔来说，重要的一点是，这种爱他人的诫命——爱你的邻舍，就像爱你自己一样——也构成了应该如何爱朋友或者被爱者的标准。当他们向你要东西、求帮忙、要礼物、借钱、寻求建议时，你应该考虑**他们的**福利，考虑什么对**他们**最有帮助——然而悖论的是，只有当你审视自己，试着将自己放入他们的处境中，然后根据假设你处于同样的处境你自己可能需要什么来采取行动，你才能认识到这一点。在每一种爱的关系中，每个人都必须对他人承担这种责任。克尔凯郭尔就这样将对他人的爱转向，如此一来，它不再针对那些被爱者，而是针对那些要爱他们同胞的人——他们因此成为自己邻舍的邻舍。它仍然与自爱有关。它与错误的自爱、自私的自爱如何变成一种正确的自爱有关。这样看来，爱的信息变成了一个关于以正确的方式爱一个人的自我的信息。

> 诚命说："你要爱人如己。"然而如果正确理解这条诫命的话，它也说了相反的意思：你要以正确的方式爱自己。因此，如果有人不愿意向基督教学习如何以正确的方式爱自己，他就无法爱邻舍。他也许可以和另一个人或几个人在一起"同甘共苦"，正如人们所说的那样，然而这绝非爱邻舍。以正确的方式爱自己和爱邻舍是完全一致的；从根本上说，它们是一回事。基督教令人足够难过地必然预设在每个人身上都存在着自爱，当这条诫命的如己从你身上夺走了自爱时，那么你实际上已经学会了爱自己。因此这条诫命是：当你爱他如同爱你自己时，你要像爱你的邻舍一样爱你自己。

邻舍可以呈现一个人自我的加倍，这意味着可以设想，一个人对邻舍的爱与对自己的爱具有同样的激情。我们可以想象一个完整的、封闭的圆圈，它可以显示精神—情欲的爱的两种呈现是多么紧密地联系在一起。适当的自爱就像不以牺牲他人为代价来爱自己的自爱一样。在恰当的自爱中，一个人以宽阔的自爱来爱自己，这也为爱他人提供了空间。

　　试图使他人，读者，以正确的方式爱自己——通过别人的帮助；通过作家作品的帮助——就克尔凯郭尔而言，这可以被视为对他人的爱的行为。因为他经常隐藏在一组假名后面，从而将他自己隐藏起来，读者只好与自己互动。这样一来，读者就不会通过另一个人的眼睛看待自己。读者没有被强行灌输别人的观点，而是能够保持和完善自己的观点。因此，在克尔凯郭尔看来，写作行为可以被看作是对他人的一种爱的行为。

　　然而，这种行为并非没有辩证的困难。一个人对邻舍的爱，不仅仅是他坐在写字台前日复一日地写东西，而是一种可以而且应该随时随地付诸行动的与存在有关的实践。例如，你可以离开立在那儿的写字台，到小镇里去，那里总是有人需要许多形式的施舍。很少有其他思想家像克尔凯郭尔那样，与他们所处的小镇和居民联系在一起。他从小就喜欢散步，喜欢消失在人群中，或者沿着未知的道路，漫无目的地行走。正如他说的那样，他绝对需要每天自己去泡"人民浴"。他需要消失在人群中，并且尽可能地将自己的各种忧虑抛在脑后。正如他在 1847 年写给嫂子的信中说的那样：

> 最重要的是，你不要失去散步的欲望：每天我都让自己进入一种安康的状态，远离一切疾病；我让自己走进我各种最好的思绪里，我知道任何思绪都不会如此沉重，以

> 至于一个人无法从它那里离开。……因此，如果一个人继
> 续走下去，一切都会好起来。

　　克尔凯郭尔穿的是一种特殊类型的靴子，鞋底是特殊的软木，旨在减少对他脆弱双腿的影响，这完全适合这个自称"警察间谍"的人，因为他无声而灵巧地在城市里缓缓前行，进行各种心理学的观察。对克尔凯郭尔来说，哥本哈根是一个充满活力的心理学实验室，充斥着各种可以想象到的一流的研究对象——疯子与天才，平民与贵族，大亨与乞丐。当他回到书房时，他在日记中记录下形形色色的情况、印象和心理学方面的见解。他的一个笔名，也就是《焦虑的概念》的假名作者，以维吉利乌斯·豪夫尼西斯——哥本哈根的守夜人——命名，这绝非巧合。

　　要跟上克尔凯郭尔并不容易，由于他天生的古怪和不稳的步态，你有被挤压到建筑物上的风险，有被推倒在地窖楼梯上的风险，或者有被推下铺石路掉进水沟的风险。这是一种漫游的精神，一种辩证的精神，因此他在铺石路上明显地以"之"字形行走。他会突然用手杖做出一个姿势，然后穿过街道以避免直射的阳光，这个事实使这位天才的散步竟然成了奇观。克尔凯郭尔的这种特有的"之"字形行走方式也与他在社会上漫游时的"之"字形方式相呼应：当时

他很乐意与一个乞丐交谈，然后与一个教授交谈，再与一个女佣交谈，
接着也许与一个院长讨论。简而言之，他几乎会与任何人谈论任何
事情。克尔凯郭尔对普通人的同情既是不寻常的，又是真实的，展示
了他的基督教实践的视野。在 1849 年，他与小镇和人们的关系因为
他与讽刺杂志《海盗报》的对抗而受到冲击，他平静地为自己解释道：

> 哎呀，在我的人生处境中，有一些难以形容的悲伤。我
> 想与简单的人一起生活。对在所谓的"基督教国家"中完全
> 被忽视的那个社会阶层表现出友好、善良、关注和同情，这
> 让我感到难以形容的满足。我能够做到的事情在许多方面都
> 只是微不足道的，但毫无疑问能够对这类人群有一定的意义。

后来的主教 H. L. 马滕森没领会这一点，而是感到震惊；当时的
主要批评家 J. L. 海伯格感到困惑，而且假装没看见——然而对克尔
凯郭尔来说，精神上古怪的**这个身体**可以呈现关于沟通的一个重要
观点：如果他从未在街上被看到，作品背后的人将因此走向前，并
放弃自己被赋予的任何权威。于是，开始于多年来"口袋里揣着 4
先令，手里拿着一根细手杖"从诺勒博出发散步而来的这个习惯，
变成一种**表露亲切情感**的行为，鉴于克尔凯郭尔与具体的日常生活
保持着一种高尚的距离，就像他在同时代知识分子身上发现的那样：

"是的,我当然是个贵族(每个对立志求善有真正意识的人都是贵族,因为这类人总是少得可怜)——但是我想走到街上,站到人民中间,那里有危险和反对。"

正如他将小镇的各种景象和声音移植到自己的作品中一样,他也在小镇上实践着自己的人生观。在街头传教士这个术语被正式发明之前,他早已是一个街头传教士;在民主被引入之前,他早已是一个民主人士。凭借这种姿态,克尔凯郭尔强调他到处奔波的呼召和他漫游的实践是无私的,但这种姿态很有可能缓慢地渗入一点自私的成分。然而,他仍然忠于自己的各项原则:"毫不夸张地说,就是将平凡的日常生活变成一个人的舞台,走出门去,在各条街道教导人。"

他在写给亨丽埃特的信中说,他让自己"进入了自己最好的各种思绪",这也真的不是一种夸口。他胸有成竹的内容,在很大程度上是用"手头的鹅毛笔"写下的——事实上这支笔能够以尽可能快的速度在纸上游走。而这只是因为他在散步时已经"完成了一切"。据 A. F. 史奇奥兹说,散步的长度也与观念的分量成正比,当他回到家时,他常常直奔写字台,"他在那里放下帽子、手杖或者雨伞,站着写作很久"。正是在写字台前,各种感官印象和思绪最终通过鹅毛笔的富有艺术性的"之"字形找到了形式,再为后人保存下来。在一种欣喜若狂的喜悦里,克尔凯郭尔描述了他如何"能够坐几个

小时，迷恋语言的声音，就像自娱自乐的一个吹笛者"。他评价了自己的标点符号，并且琢磨出自己未来的"标点符号"；他用一系列教学示例概述了为什么他现在喜欢用"半个逗号"而非"逗号"。

克尔凯郭尔采用了从左到右的常规书写方向。然而，你当然可以认为，他的文本都有自己的各种书写方向，并不总是尊重直线的概念，因此读者需要一些时间来适应。当他用笔在纸上描绘时，他可以自由地联想，想象力充满活力，奇思妙想犹如天赐；然而，它们同时也是黑暗的和严肃的，深入到深不可测的领域。这些文本在各种概念和描述之间巧妙地摇摆，他将大量华丽的辞藻投入其中，支撑起读者的体验维度。在他的作品中，他打开并且跨越了神学、哲学、美学和心理学之间的学科边界，他跨的学科如此之多，以至于每一个专业团体都会觉得自己被克尔凯郭尔格外关照。那里终究有一种诱惑的元素，对于这一点克尔凯郭尔并没有忽视——尽管他完全有能力完美地进行诱惑，他却更喜欢"欺骗"这个词——自然，一个人不应该让自己受到诱惑。

克尔凯郭尔的文学艺术本身也是一个篇章，他本人相当成功和去丹麦化地开启了这一篇章，在《对我作品的观点》中，他将自己神圣的笔举到眼前，不禁感叹："当事情涉及大胆、热情、狂热的话题，几乎到了疯狂的边缘时，有什么是这支笔无法描述的呢！"让他陶醉的不是他的各种悖论；不是各种苍白概念的没有血色的晦涩——让他陶醉的是整个修辞学的范围，从崇高到荒诞，从高贵到平庸，从深奥到通俗。他没有忘记自己对通俗的亏欠，这一点可以从"有罪 / 无罪"的以下段落看出：

> 当听到一个女仆和另一个女仆谈话时，人们徒劳地在书本中寻求启迪的东西突然出现了；一个短语，人们徒劳地试图绞尽脑汁想出来，徒劳地在字典中寻找，甚至在科学和文学院的字典中寻找，却顺便听到一个士兵说了出来，而这个士兵从未想到自己是一个多么富有的人。就像一个人走在大森林里，对一切感到惊奇，有时折断树枝，有时折断叶子，然后弯下腰看一朵花，现在又去聆听鸟儿的尖叫声——同样一个人在大众中走来走去，惊叹于奇妙的言语天赋，时不时地采摘这个表达和那个表达，乐在其中，而不会忘恩负义，以至于忘记了他欠谁的债。

克尔凯郭尔的日记中偶尔充满了这类现象学的发现——关于这里的景象、声音、生活——然而最神圣的是，当机缘与艺术冲动在他周遭以某种方式相遇，并且创造出一种情境时，他回到家里的写字台前，抓紧时间将这个情境的象征维度记录下来："矛盾的是，当马车夫驾驶贫民的灵车时，只用马毯盖住那匹孤独的马的一半，

以便更好地鞭打它。（……）死亡的深刻性。""或者，在以后的
某个日子：看到一只可怜的老马站在马车前，尽管戴着饲料袋，却
仍然无法吃东西，这是一个特别可怜的景象。或者，当这样一匹不
幸的马戴错了饲料袋而无法进食时，却没有任何人想到要帮助它。"
在其他时候，不是现实为凝视提供了诗意的材料，而是凝视寻找现实，
以检验艺术原则的各种极限。

> 在某些时候，用例子来探索对永恒图像的审美的、
> 艺术的理解可能是有趣的——（去探索）图像的诸元素
> 之间存在什么样的情绪上的根本关系，从而使它们凝聚
> 成一个永恒的图像。——在卡勒波沙滩有一艘船，船尾
> 站着一个人，这个人用一根驳船杆引导它穿过运河，同
> 时抬起它的另一端——细致入微的阴暗天空：那是一幅
> 永恒的图像……埃斯鲁姆湖需要一艘帆船，但是得由女
> 人在里面驾驶。

克尔凯郭尔致力于更新书面语，在此基础上，他增加了几乎可
以听得见的口语元素，将其从街道、小旅店或托儿所引入他的作品；
克尔凯郭尔的书面语是地道的、生动的、真实的，与安徒生的书面
语不一样。可以理解的一点是，他要求自己的读者大声朗读这些话语，

这样他们就能亲自感觉到"修辞"和"节奏"。关于丹麦语，没有人比克尔凯郭尔写得更充满爱，认识得更到位：

> 我觉得自己很幸运被母语束缚着，也许只有少数人被它束缚着吧，就像亚当被夏娃束缚着一样，因为世界上不再有任何其他的女人……这种语言……对中间的想法、次要的观念和形容词，对带有各种情绪的闲谈和过渡语的嗡嗡声，对转折语的亲切感和对隐藏的幸福的秘密呈现，有一种可爱的、得意的、欢快的偏爱。这种语言对笑话的理解也许比真挚还要好，这种母语以一种"容易携带——是的，却很难打破"的链条吸引着它的孩子。

如果他经常出于消遣的原因和为了文学创作而在小镇周围进行短途旅行，那么，突然发生的事件也能引发他在某种程度上进行更广泛的思考。1840 年的一天，富裕的克尔凯郭尔遇到了一个相当可疑的人物，他来自"拉德加登"——一个为穷人和罪犯提供的劳动救济所——他在家里将后来发生的一件事写进了以下的日记条目：

> 今天，一个拉德加登的囚犯在滨海大道上靠近我，递给我一封信，他让我读一读。信的开头是这样的：我让自

己最谦卑地双膝跪在你面前,等等。——我不由自主地瞥
了一眼那张信纸,看他是否正在跪下,然而他没有。如果
他这样做了,会不会更有喜剧效果?喜剧性是否在于这种
说话方式和现实之间的对比?

喜剧性恰恰存在于这个男人的写作语气和缺乏行动之间的矛盾
中。然而当克尔凯郭尔在写字台前,不断写啊写,写到关于一个人
不应该仅仅写作,而是应该走进这个世界,按耶稣吩咐每个人的那
样"爱你的邻舍"的内容时,他也会被这样的喜剧性触动。遗憾的是,
写作行为本身具有治疗和救赎的特性这个事实,并不意味着出于那
个特殊原因进行的写作实践是爱的作为之一:

只有当我奋笔疾书时,我才感觉良好。然后,我会忘
记生活中所有不愉快的事情,忘记所有的受苦;然后,我
会很幸福,在家里与各种思绪相伴。只要我停笔几天,我
就会立刻生病,不知所措,感到压抑;我的头变得沉重、
担负重担。在日复一日地写作了五六年之后,这种冲动是
如此充沛、如此取之不尽,仍然同样充沛地奔涌着——这
种冲动当然也一定是来自上帝的一个呼召。

　　文中明显堆叠的这几个小词——"当然也是"——暴露出克尔凯郭尔的犹豫和不确定，当他写到自己不竭的艺术冲动时，最能看出这一点；他怀疑这种冲动是否真的是一个神圣的呼召，并因此几乎跌跌撞撞地说出了他的这句话。然后他的注意力被艺术与基督教之间的冲突吸引，或者说被审美与宗教之间的冲突吸引——有一个主题几乎从他开始写作时就一直跟随他，并且这个主题不仅**在**写字台旁，而且**通过**写字台被具体化了。一方面，写字台是他开展文学事业的有形环境，他的文学事业不仅包括审美的、伦理的作品，还包括基督教作品，如《爱的作为》——这本书对爱的好与坏的体现的细微表达，本身就可以看作一种爱的作为。另一方面，写字台成为退缩以及与人隔离的状态的象征，克尔凯郭尔通过《爱的作为》等作品，只希望抵制这种状态。换句话说，写字台是一个四条腿的悖论，它使他者的缺席这个事实得以在场——也让这些缺席的他者得以在阅读作品的任何人面前在场。作为既缺席又在场的事物，写字台是一件不亚于克尔凯郭尔为蕾琪娜制作的红木橱柜的奇怪家具——在橱柜沉默的黑暗中，通过她的缺席，她的在场变得几乎可以听见。

精神的爱

克尔凯郭尔将恰当的自爱和对他人的爱都定义为精神的爱。

> 然而，在精神的意义上，什么才是承载精神生活这栋建筑的基础和根基呢？是爱。爱是一切的源头，从精神的意义上说，爱是精神生活最深的根基。在每一个内心有爱的人身上，在精神的意义上，基础已经奠定了。

爱是一切的源头。爱构成了每个人的**精神**基础。当我们恋爱、结婚、交朋友和爱我们的孩子时，爱作为精神生活的基础展现自身。这个基础本身是看不见的，然而当我们爱的时候，它就将自己显示出来，在我们身上施压。因此，爱的所有形式都是精神的，并非只有对邻舍的爱才是精神的：

> 在情欲之爱中，我被定义为感觉的—心理的—精神的；被爱者是感觉的—心理的—精神的一份具体说明。在友谊中，我被定义为心理的—精神的；朋友是心理的—精神的一份具体说明。只有在对邻舍的爱中，去爱的自我才纯粹精神地被

定义为精神，而邻舍是纯粹精神的一份具体说明。

邻舍是一份"纯粹精神的具体说明"，意味着我们**没有**立即去爱邻舍的**冲动**。这里没有感官—情欲或者心理—情欲的渴望，有的只是一种**义务**。真正的自爱和对邻舍的爱被定义为爱的纯粹精神的决定，因为这里谈的是爱的**具体**方式，它完全由**基督教**的爱的概念定义。对邻舍的爱建立在一种神圣赐予之爱的基础之上。但是对邻舍的爱没有任何明显的表现形式。作为一种要求，对邻舍的爱是一个纯粹精神上的决定，它有能力穿透我们可能在其中发现自己的任何关系。这种爱就本质而言是纯粹精神的，它可以在任何地方在场。

然而，基督教的这种爱的概念并不与我们对爱的**直接**体验完全对立。克尔凯郭尔的想法恰恰相反：我们应该利用这些体验，以便我们可以知道基督教爱的概念对我们的要求是什么。正是爱的精神层面将我们的这些爱的直接体验——爱与被爱的各种体验——与基督教的爱的概念连接在一起：

一个人，尽管从出生的那一刻起他就是精神，仍然直到后来他才意识到自己是精神，因此在这之前他已经在感觉—心理上表现出他人生的某个特定部分。但是，与感觉—

心理以感觉——心理的方式宣示自己形成对比，当精神觉醒
的时候，这个首要的部分不应该被抛在一边。相反，首要
的部分被精神接管了，并且被以这种方式使用，从而成为
基础——它变成了隐喻性的。

因此，我们可以从爱与被爱的欲望中**学习以何种激情**爱我们的
邻舍，这种欲望来自爱的普遍冲动，而爱是每个人的基础。"情欲
与情欲之爱领域中的某个种类无关，它是一种完全不同的东西"，
在《人生道路诸阶段》关于爱的论述中，年轻人这样说。情欲不是
一种特殊种类的爱，它并不专门适用于浪漫的爱情。爱的所有表现
都是情欲的，因为所有的爱，根据克尔凯郭尔的说法，是以激情为
特征的："没有激情的爱是不可能的。"

因此，人类对爱的普遍冲动，表现为对爱与被爱的充满激情的
需要。我们通过坠入爱河直接了解了这种需要，而我们必须将对这
种需要的认识**转移**到我们与邻舍的关系上来，因为基督教对爱邻舍
的要求是，我们**必须**爱每一个人。如果我们没有直接认识到这种充
满激情的需要，我们就无法理解这条诫命对我们的要求。这样一来，
正是精神的爱，以及它的充满激情的各种表现，将爱的所有不同形
式联系在一起。然而对邻舍的爱本身没有任何具体的表现。"没有

任何作为，没有一种单独的作为，甚至没有一种最好的作为，我们敢无条件地说：无条件地这样做的人通过这种作为展示了爱。"

　　无论如何，你当然可以说克尔凯郭尔有若干部作品是在那张写字台上创作的，它们等于克尔凯郭尔的自我的一种加倍。正是这些作品而非那一小绺头发构成了外在，通过这些作品，内在将自己显示了出来。这个内在显示的不是一个专顾自己的自我，不是一个爱自己的作者——他希望将自己的看法强加给他人——这个内在显示的是作为数个作者发出的一种和声，它直接对个别读者说话，对每个个体说话，即对作为邻舍的我们每个人说话。每个单独的人都被赋予了以正确的方式爱自己的任务——爱自己的邻舍如同爱自己。

- 索伦·克尔凯郭尔的沙发。这张沙发来自克尔凯郭尔位于克莱德波德尼街 5—6 号的家（今天的斯金德盖德街 38 号），从 1852 年到 1855 年去世，克尔凯郭尔一直是寡妇博瑞丝的房客。他的哥哥彼得·克里斯蒂安·克尔凯郭尔在克尔凯郭尔的遗产拍卖会上买下了这张沙发。

- 带有风景装饰的**迈森牌瓷杯碟**。这两套杯碟都属于索伦·克尔凯郭尔。依据克尔凯郭尔在 1844 年至 1850 年期间雇佣的秘书伊斯雷尔·列文的说法，克尔凯郭尔收藏了 50 套杯碟——任何两套都不重样。在给列文提供咖啡时，克尔凯郭尔要求他选一套杯碟。一旦列文选择了，就必须在倒咖啡之前说出自己选择的理由。

- 蓝釉镀金英式釉彩杯碟。

友谊的模棱两可

在整个 19 世纪 30 年代，这个全身包裹着羊毛制品、被同学们称为"索伦·袜"的人，破茧而出，成了一个过分讲究衣饰的花花公子；他的穿着就像为晚期浪漫主义时期量身定做的一样。克尔凯郭尔通过借钱和赊账，并且以一种与节俭的日德兰家庭生活完全不相符的方式，养成了为所欲为和奢侈的习惯。他定期去看戏，研究哲学和美学文献，频繁地去咖啡馆，戴各色帽子，穿时髦大衣（包括一件柠檬黄的！），坐马车旅行，享受美食与美酒……还有许多手杖、丝巾、手套和其他的生活必需品，包括几瓶科隆香水——都出现在他的账本上。这位年轻的神学生显然也对烟草产生了兴趣，他买了数盒雪茄——它们当时被称为 "棺材盒子" ——三皇冠牌和鸽子牌的雪茄配有精美的盒子。再加上每月 500 克的烟斗烟叶——来自委内瑞拉的瓦瑞那斯牌，是一种真正的、无掺杂的、绝对优质的产品，以 6 卷的形式装在芦苇筐里出售。仅仅在 1836 年间，他就欠下了 1262 里格达勒（旧丹麦货币）的债务，其中欠买家街的书商韦尔策 381 里格达勒，欠维莫尔斯卡夫特街的裁缝 280 里格达勒，欠各种糕点店 235 里格达勒，欠于斯特街的烟草店 M. C. 弗雷斯 44 里格达勒。除了以上所有这些——还有额外的杂项。他的父亲在克尔凯郭尔小小的学生笔记本的封面上颤抖地写下"索伦"——该笔记本将作为接下来一年中不断增加的债务的账本——毫无疑问，手发抖不仅是由于父亲年事渐高。简而言之，这让父亲感到震惊，这很好理解：他儿子在城里挥霍了 1262 里格达勒，比一个教授一年的收入还要多！

　　约翰尼斯·克利马科斯也知道烟草的刺激作用。有一天，他正在腓特烈斯堡花园抽第一支和第二支雪茄的间歇，有了一个想法，即在这种他人都试图使人生变得越来越容易——令人无法忍受地容易——的文化中，他应该着手创造各种困难：

　　　　所以我坐在那里抽雪茄，直到我陷入沉思。除了其他想法以外，我还记得这些。我对自己说，你的年龄越来越大了，你正在变成一个一事无成的老人，变成实际上没有承担任何事情的老人。另一方面，无论在文学或者人生中，你都看到……这个时代的许多行善者，他们知道如何通过使人生变得越来越容易来造福人类，有人通过铁路，有人通过公共汽车和蒸汽船，有人通过电报，有人通过容易理解的调查和关于一切都值得了解的简短的出版物，最后是这个时代真正的行善者，他们凭借思想的体系化使精神上的存在变得越来越容易，而且越来越有意义——而你在做什么？在这一刻，我的反省被打断了，因为我的雪茄已经抽完了，我必须点燃一根新的。于是我又抽了起来，然后这个想法突然在我脑海中闪过：你必须做一些事情，然而，由于你的能力有限，无法使任何事情比现在更容易，你必须怀着与其他人一样的人道主义热情，自觉地使一些事情变得更加困难……当所有的人都联合起来使一切都变得更容易时，这里就只剩下一个可能的危险，即容易的程度变得如此之大，以至于事情全都变得太容易。因此，只剩下一种缺乏，尽管人们还没有感觉到，那就是缺乏困难。出于对人类的爱，出于对自己一事无成的尴尬困境的绝望，出于对那些使一切变得容易的人的真正兴趣，我认识到这就是我的任务：四处制造各种困难。

伊斯雷尔·列文从 1844 年到 1850 年担任克尔凯郭尔的秘书，
并且深入地参与了《人生道路诸阶段》的写作。他还帮助校对了《想
象场合下的三篇讲演》《作为结论的非科学的附言》和《原野里的
百合与天空中的飞鸟》——以及《基督教中的实践》的部分文字，通常，
列文在早上较晚的时候出现，或者在下午 3:15 到 3:30 左右出现。在
最繁忙的时期，列文看上去很像克尔凯郭尔家里的一分子。

> 有时，我每天和他在一起的时间长达 8 个小时。有一次，
> 我连续 5 个星期每天都在他的房子里吃饭。仅仅为他饥饿
> 的精神提供营养，也是一个无尽的烦恼的来源。我们每天
> 都要喝汤，这汤浓得吓人，接着吃鱼和一块甜瓜，再配上
> 一杯上等的雪利酒；然后端上来咖啡：2 个银壶，2 个装
> 奶油的罐子，还有 1 个袋子，这个袋子每天都要重新装满
> 蔗糖。

列文很享受这美好的用餐时光，却讨厌克尔凯郭尔的杯子收藏。
咖啡刚端进来不久，这位哲学家就走过去打开了一个柜子，"里面
至少有 50 套杯子，但是每样只有一套。"列文认为这些杯子显露出
一种狂热地收集物品的奇怪的迹象，他同样无法理解克尔凯郭尔为
什么会收集"数量如此惊人的手杖"，这些手杖在入口处格外显眼，

占据了不少空间。"好吧，你今天想要哪套杯子？"克尔凯郭尔在装有这些收藏品的橱柜前问道。列文完全无动于衷，只是冷漠地指着杯子收藏品中的某个部分。这种随意的做法是无法容忍的——克尔凯郭尔要求他作出解释——于是，列文发现自己要搜肠刮肚地寻找理由，以证明他对那套杯子的选择是合理的。这个古怪的小场景不会就此结束。克尔凯郭尔有他自己喝咖啡的特殊方式：他将蔗糖倒进杯子里，一直倒到杯口，然后让常人难以忍受的又浓又黑的咖啡慢慢地溶解这个白色的金字塔。"每天看到蔗糖融化，都让他觉得很开心。这真的让他很高兴。"这种非同寻常的咖啡因摄入量不仅让他付出了经济代价，而且还对他的健康造成了损害，正如他在下文中愉快地描述的那样：

> 我对这些东西有何反应，医生就会做出如出一辙的反馈。我抱怨说我身体不舒服。他回答说，你可能喝了太多咖啡，同时走路走得太少。3周后，我再次与他交谈，说："我真的感觉很不舒服，然而现在不可能是因为喝咖啡，因为我根本没有喝咖啡，也不可能是因为缺乏运动，因为我整天都在走路。"他回答说："好吧，那么原因一定是你没有喝咖啡，而且你走路走得太多了。"所以我的体弱在过去和现在都保持不变，但是如果我喝咖啡，我病痛的

原因是我喝咖啡，如果我没有喝咖啡，我的体弱是由我不喝咖啡造成的。这就是我们人类的情况。整个尘世的存在就是一种体弱。

友谊的祝福？

当然，你可以一个人抽烟和喝咖啡——然而烟和咖啡显然都有很强的社交属性，往往是与朋友们一起享受的东西。然而，克尔凯郭尔并没有许多朋友——也许是因为，他最终永远无法真正决定自己对友谊有什么样的看法。谈到"友谊是精神的爱的一种特殊形式"这种看法时，他的文字中有两组线索。有一些关于理想友谊的想法，认为理想友谊是两个在行为上志同道合的成年男子之间的道德纽带，这两个男子在精神发展方面相互帮助，在道德上彼此丰富。克尔凯郭尔对这种友谊的愿景有一些积极的信念，而且似乎一开始，他就从这些方面考虑自己与埃米尔·博伊森的关系。不过，当时他也有世俗的友谊——而克尔凯郭尔并不怎么重视这种友谊。在《或此或彼》一书中，他是这样表达的："如何定义朋友？朋友不是哲学上所说的必要的他者，而是多余的第三者。"

克尔凯郭尔将友谊视为一种心理上的关系，因为属于特定性别的爱的感官享受是缺席的。然而，如前所述，他不确定友谊是否可以被定义为爱。这里有两个原因。第一个原因是，因为你没有浪漫地"坠入爱河"，你可以选择想和谁做朋友，并且可以仔细选择爱的对象。第二个原因是，友谊取决于朋友之间的**交互契约**的保证，而非取决于将爱作为某种将朋友联系在一起的基础。如此看来，友谊是爱的一种模棱两可的形式，因为它似乎取决于对爱的对象以及友谊进行有意且深思熟虑的**选择**。因此，克尔凯郭尔经常以讽刺甚至直接批评的口吻谈论友谊。

他认为，在友谊中可以找到**回报的潜力**。在不求回报的浪漫爱情中，施爱者发现被爱者没有以同样的爱情回报自己，施爱者当然可以继续去爱，即使由于缺乏回报，这种关系将是一种**不幸**的关系。然而，在没有回报的友谊或者破裂的友谊中，有一方无法继续做朋友。自然，留下的一方可以继续对另一方有某种**善意**——但是如果没有回报，基于爱的友谊就不可能发生。这种不幸的友谊是不可能存在的——你们要么是朋友，要么不是朋友。**友谊被绑定在一个非常严格的交互性的结构中**。如果其中一方不回报这种友谊，那么这种友谊就不是友谊："另一方面，如果我与另一个人建立了亲密的友谊，爱就是这里的一切。我不承认任何责任；如果爱结束了，那么友谊就结束了。"

所以，友谊的特点是一种**对称的回报**——正是这个特点被证明是克尔凯郭尔面前最大的绊脚石。因为一对一的回报对于延续友谊中的爱至关重要，克尔凯郭尔发现自己怀疑的是，友谊是否真的可以被视为爱的一种形式。在《或此或彼》的第一部分"轮作制"中，我们看到这种对友谊的怀疑通过以下讽刺性描述清楚地表达出来：

> 缔结友谊的仪式是什么样的？一个人喝"忘您水"，他划开一条动脉，将自己的血与朋友的血混合在一起。这一刻何时到来很难确定，但是它以一种神秘的方式宣告自己；一个人感觉到它以后，就不能再对另一个人说"您"……友谊的意义是什么？在咨询和行动方面相互协助。两个朋友组成一个紧密的联盟，以便成为彼此的一切，尽管没有一个人可以为另一个人做任何事情，除了挡住对方的路。嗯，我们能够在金钱上彼此帮助，能够帮助彼此穿上和脱下我们的外套，成为彼此卑微的仆人，能够为真挚的新年庆贺而聚在一起，也能够为婚礼、出生和葬礼而聚在一起。

相似性、一体性以及绝对的回报，与克尔凯郭尔所相信的爱强加于人时拥有的彻底转变和更新的力量是对立的。在这方面，友谊缺少浪漫爱情具有的更新的力量，相反，它似乎以两个志同道合的人之间枯燥的契约关系为特征。

没有智力交流的友谊是什么？是虚弱灵魂的避难所，这些灵魂无法在智慧的苍穹中找到呼吸，只能在动物的呼气里找到呼吸？尽管人们试图用所有的外部权宜之计（通过喝"忘您水"等等）来修补它，它仍然多么糟糕地拖着自己前进？除了那些直接承认友谊不过是相互作保的人以外，这是一幅多么滑稽的漫画啊。听到那些关于友谊、关于相互理解的平淡无奇的陈词滥调，是多么令人厌恶啊。当然，理解属于友谊，但非那种一个人总是知道另一个人要说什么的友谊；不，事实上，一个人永远不知道另一个人要说什么，这一点正是友谊的一部分。如果到了那个地步，友谊就会结束。

正是这种联合以及通过朋友聚在一起而"相互作保"，导致克尔凯郭尔感到冲突。然而，尽管有这种对友谊的批评，正如引文中表达的那样，与友谊有关的另一种语气也出现了。克尔凯郭尔似乎还认为，友谊**可以**不仅仅是"精神的击掌"。如上文所引，友谊意味着"一个人永远不知道另一个人要说什么"。

共同的人生观

关于各种伦理决定的思考，以及由此关于理想友谊的思考，在《或此或彼》的第二部分尤其得到了扩展。我们可以发现，对友谊的调查研究在时间上稍微更长一点，回报受到特别的重视，友谊可以被理解为人生观的一致。

结果，友谊需要一种积极的人生观。然而，一种积极的人生观是无法想象的，除非它里面有一个道德元素。诚然，在我们这个时代，我们经常遇到一些有一套体系的人，在他们的体系中根本没有道德的内容。就算让他们拥有一个 10 倍于此的体系——他们也没有一种人生观。在我们的时代，这种现象可以得到很好的解释，因为正如它在许多方面是颠倒的一样，在这里也是如此，一个人在进入各种较小的奥秘之前，已经开始进入各种伟大的奥秘。因此，人生观中的伦理因素成为友谊的基本出发点，只有当人们以这种方式看待友谊时，友谊才会获得意义和美。如果一个人继续将神秘之事当作同情之事，友谊将在群居鸟类之间普遍存在的关系中找到最充分的表达，这些鸟类之间的

> 和谐是如此热切，以至于一只鸟的死亡就是另一只鸟的死亡。在自然界中，这种关系是美的，然而在精神世界中，它并不合适。人生观一致是友谊的构成要素。如果这一点存在，即使朋友死了，友谊也会持续下去，因为变形后的朋友在另一个人身上继续活着；如果这一点停止了，即使朋友继续活着，友谊也会结束。

正如我们在上面所批评的那样，人生观一致并不等于绝对的回报。那么它是什么意思呢？由于克尔凯郭尔熟稔古代关于友谊的伦理价值的讨论，他强调共同原则是友谊的基础。共同哲学意味着在基本的伦理态度上达成一致，而这些态度构成了一个人生活方式的基石。亚里士多德在很大程度上是与克尔凯郭尔相关的一位哲学家，当亚里士多德用积极的术语描述友谊时，他谈到理想的伦理友谊是基于这样一种观念，即朋友是根据**美德**定义的，并且因此在基本的存在价值观上完全一致——然而，不一定因此在所有事情上完全一致。

因此，理想的友谊并**不**要求在所有事情上完全一致，而是在基本的价值观上达成一致，一个人正是从基本价值观来把握自己的各种伦理判断，并且作出各种关键的决定。友谊的积极因素在于，两个朋友在这种共同的人生观中彼此扶持，而这种共同的人生观构成

了他们友谊的背景；因为正是在这种精神的配对中，他们被迫变得
彼此**肝胆相照**。从这个意义上说，友谊在双方之间创造了一种开放性，
这意味着一方对另一方变得肝胆相照，反之亦然，正是基于他们人
生观上的一致，他们的友谊得以建立起来。

> 因此，从伦理角度看待友谊的人，将友谊视为一种责
> 任。因此，我可以说，拥有朋友是每个人的责任。然而我
> 宁愿用另一种表达，来表明友谊以及先前阐述的一切蕴含
> 的伦理层面，同时也鲜明地强调伦理与审美之间的区别：
> 成为敞开的人是每个人的责任。圣经教导我们，人人都有
> 一死，死后且有审判，那时一切都会显露。

　　克尔凯郭尔缺少的可能正是这种敞开——或许这就是为什么他
与埃米尔·博伊森的友谊没有持续下去的原因吧。他们从小就认识，
小时候他们和各自的家人参加风暴街的莫拉维亚教会，当时反对理性
主义信息的人与志同道合者聚集在一起，认真而深刻地敬拜上帝。正
是在童年时代漫无目的的岁月里，克尔凯郭尔与埃米尔的相识发展成
为真正的友谊。埃米尔于 1829 年在私立学校毕业，1834 年成为神
学研究生，但他仍然住在父亲的房子里，房子在被称为"哲学家通道"
的街道，是一个阁楼公寓，他可以站在暮色中梦幻般地看着城墙。无

人知晓这两个朋友实际发展到了什么程度，因为无法找到下述这些活动的目击者的记录：探险，看戏，去引起争议的场所夜游以及其他属于年轻人的好的、坏的、疯狂的或者令人抓狂的活动。

克尔凯郭尔通过博伊森这个真正的朋友参与人生——然而对他来说，理解友谊的本质可能是困难的。早年，他们只需走出门几百米就可以彼此陪伴，所以他们没有必要写下信件留给后人阅读。"一般来说，他不写信，"博伊森后来解释说，"顶多只会写一些经过仔细考虑的简短便条。风格看上去很简单，却经过了仔细的检查，他通常能记住它们很长时间。"博伊森还回忆起，克尔凯郭尔通常在阅读完信件后立即将其烧毁——"当他销毁这些信时，他的内心受到了极大的震动。"你几乎可以想象这一场景。

博伊森没有烧掉自己收到的信，却帮了历史一个忙，保护它们不受伤害。一小堆未注明日期的照片以及19世纪40年代的简短信件，讲述了这对亲密、却差异甚大的朋友之间关系的故事。通过这些信件，人们一点一点地感觉到，距离他们坐在"哲学家通道"上的埃米尔的小阁楼房间里，已经过去了很长时间——但是他们仍然可以在晚间聚餐时见面，克尔凯郭尔在小镇里订了餐，然后带到博伊的公寓。在一张简短的便条上，克尔凯郭尔深情地签上了自己的姓氏，他表现得几乎像坠入爱河："亲爱的埃米尔！／今天下午过来看看我吧。快点来。／你的，／S. 克尔凯郭尔。"有时候，他们也可能在博伊森家吃饭，然而仍然是克尔凯郭尔充当高兴的主人："亲爱的！你今晚愿意和我

一起吃饭吗？我已经订好了菜。如果你愿意的话，我将在下午 6：00
或者 6：30 到你的住处。你那个时候在吗？"如果与列文一起校对
或者其他的工作使克尔凯郭尔不能来，他就安排仆人安德斯出门，带
去一瓶从国王新广场的皇家供应商多米尼克·卡波齐那里买的酒，还
会附上一张深情的便条，请博伊森举杯祝他们健康。

无论如何，他们之间秘密谈话的时间间隔越来越长。从一封看
似于 1844 年冬天写下的信中，你可以看到这种友谊已经失去了以往
的默契："亲爱的朋友！你好吗？你还活着吗？我知道你还活着！……
我在精神上呼唤你；**在身体上**我无法呼唤任何人，这呼唤只与你有关，
我后悔没有这样做。" 1855 年 10 月，博伊森**亲自**拜访克尔凯郭尔，
当时克尔凯郭尔几乎只能勉强**活着**。博伊森在 1849 年成为霍森斯的
一名牧师。当他听说克尔凯郭尔住院的消息后，他立即离开教区，前
往哥本哈根的医院，当时是 10 月中旬，他在那里第一次看望了垂死
的克尔凯郭尔。当时外面是秋高气爽的天气，所以博伊森建议他们去
哥本哈根的街道上散步，重温一下旧日时光。克尔凯郭尔很喜欢这个
主意——然而这是不可能的。

是的，只有一件事是有问题的。我无法去散步。然而，
还有另一种运输方法。我可以被抬起来。我有过成为天使
的感觉，获得了翅膀，这当然是必定发生的事：跨坐在一

朵云上歌唱。哈利路亚，哈利路亚，哈利路亚。

克尔凯郭尔生病了，然而他很乐观，过了一会儿，博伊森问克尔凯郭尔是否愿意将自己交托给上帝在基督里赐下的怜悯。"是的，当然，还有什么问题？"他的回答很简洁。博伊森的直觉是自己可能已经接近越界，进入了克尔凯郭尔的私人禁地，所以他很快就放弃了克尔凯郭尔与永恒之间关系的问题，将注意力集中在更直接的事情上：可能有什么克尔凯郭尔没有说出来的事情吧？答案直接出现了。"不，是的，替我问候每个人，我非常喜欢他们所有人，请告诉他们，我的人生是一种巨大的受苦，对其他人来说是未知的和不可解释的。一切看起来都像是高傲和虚荣，其实并非如此。我绝对不比其他人更好，我已经这样说过，也从来没有说过别的。"1855 年 11 月 11 日，星期日，这是克尔凯郭尔人生的最后一天。他完全失去了知觉，脉搏微弱，呼吸沉重而短促。实际上他慢慢地窒息了——就像当毒芹在他最伟大的榜样苏格拉底的心脏周围起作用时那样。克尔凯郭尔在晚上 9：00 左右咽下了最后一口气。12 个小时以后，当冬日苍白的阳光短暂地照亮这座城市的瓦片屋顶时，他毫无生气的身体被转移到了医院的停尸房。

KIRSTINE NIELSDATTER
KIERKEGAARD
FØD ROYEN,
DØDE DEN 23 MARTII 1796.
38 AAR GAMMEL.
OG ER BEGRAVEN
UNDER DENNE STEEN,
SOM HENDES EFTERLADTE
MAND HAR HELLIGET
HENDES MINDE.

M. P. KIERKEGAARDS
GRAVSTED
SØREN MICHAEL KIERKEGAARD
MAREN KIRSTINE KIERKEGAARD
FØD DEN 7 SEPTEMBER 1797
DØD DEN 15 MARTS 1822.
SØREN AABYE KIERKEGAARD
FØDT D. 5 MAI 1813
DØD D. 11 NOVEMBER 1855.
DET ER EN LIDEN TID
SAA HAR JEG VUNDET.
SAA ER DEN GANSKE STRID
MED EET FORSVUNDET.
SAA KAN JEG HVILE MIG
I ROSENSALE
OG UAFLADELIG
MIN JESUM TALE.

ANNE KIERKEGAARD
FØD LUND
GIK HIEM TIL HERREN
DEN 31 JULI 1834
I HENDES ALDERS 67 AAR
ELSKET OG SAVNET AF
HENDES EFTERLADTE BØRN
PAARØRENDE OG VENNER
MEN ISÆR AF HENDES GAMLE MAND
MICHAEL PEDERSEN
KIERKEGAARD
SOM DEN 9 AUGUST 1838
FULGTE HENDE
I DET EVIGE LIV
I HANS ALDERS 82 AAR.

- 位于阿西斯滕斯公墓的索伦·克尔凯郭尔家族墓地，左下角为克尔凯郭尔
  的墓碑。

SØREN AABYE

FØDT D.

DØD D. 11 NO

DET. ER E

SAA HAR

SAA ER DEN

MED EET

SAA KAN JE

KIERKEGAARD

MAI 1813,

EMBER 1855,

LIDEN TID,

VUNDET,

ANSKE STRID

RSVUNDEN,

HVILE MIG

M. P. KIERKEGAARDS
GRAVSTED.
SØREN MICHAEL KIERKEGAARD.
MAREN KIRSTINE KIERKEGAARD.
FØD DEN 7 SEPTEMBER 1797.
DØD DEN 15 MARTS 1822.
SØREN AABYE KIERKEGAARD.
FØDT D. 5 MAI 1813.
DØD D. 11 NOVEMBER 1855.
DET ER EN LIDEN TID,
SAA HAR JEG VUNDET,
SAA ER DEN GANSKE STRID
MED EET FORSVUNDEN,
SAA KAN JEG HVILE MIG
I ROSENSALE,
OG UAFLADELIG
MIN JESUM TALE

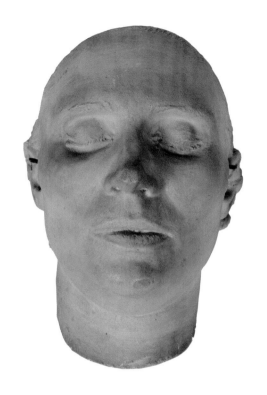

- 阿西斯滕斯公墓里索伦·克尔凯郭尔家族墓地中的大理石**纪念碑**。损坏的、弯折的纪念碑在 1927 年修缮坟墓时被替换。

- **死亡面具**。艺术家不详。该面具描摹的是克尔凯郭尔的姐姐尼科琳·克里斯蒂娜（1799–1832）或者他的姐姐佩特拉·塞弗林（1801–1834），由佩特拉·塞弗林的家人捐赠给哥本哈根博物馆。

在回忆逝者时
爱的作为

与我通常的做法相反，我来到了那座所谓的"逝者花园"，在那里，来访者再一次告别是加倍困难的，因为说"再一次"是没有意义的，因为最后一次已经过去了，而且在最后一次过去后，到了已经开始离开的时候，没有任何理由停止离去。大多数来访者都已经回家了。只有一个人消失在树林中。他不屑于见任何人，他避开了我，因为他在寻找逝者，而非寻找活着的人。在这座花园里，来访者之间总有一种完美的默契，一个人出门去那里不是为了看和被看，每个来访者都避开彼此。一个人也不需要同伴；尤其不需要一个健谈的朋友，在这里，一切都是雄辩的，逝者呼喊着放置在他坟墓上的简短话语，不是像牧师那样

> 旁征博引地宣讲这个话语，而是像一个沉默寡言的人那样，只说出这个话语，然而，他们说的时候充满一种激情，仿佛逝者可能会冲破坟墓——否则在他的坟墓上写上"我们将再次见面"，他却长眠在下方，这不是很古怪吗？

逝者的花园。这是克尔凯郭尔的各种思绪经常带他去的一个地方。这不仅仅是因为这个地方提供了沉默和反思的时间，而且，也许尤其是因为他坚信在死亡面前人人平等。在这里，所有的差异都被抹去了。在《想象场合下的三个讲演》中，克尔凯郭尔将葬礼设想为一个强调平等的场合，他写下了一篇关于葬礼的讲演：

> （……）因为当坟墓关闭，当墓地大门关闭，当夜幕降临时，他孤独地躺在那里，远离所有的同情；无法辨认的形状只能引起颤抖，他孤独地躺在那里，众多的逝者并没有形成任何形式的社会。看哪，死亡一直能够推翻坐王位的和执政的，然而对死亡的认真思考也可以做同样伟大的事情；它帮助认真的人将最有利的差异服从于在上帝面前谦卑的平等，帮助他将自己提升到最具压迫性的差异之上，进入在上帝面前谦卑的平等。

在死亡面前，富人与穷人，烘焙工与市长，体力劳动者与精神劳动者之间没有任何差异……或者无论如何，只有一种小小的、微不足道的差异。那是几英尺的土地造成的差异："可能有细微的差异——可能是地块在尺寸上相差一英尺，或者某个家庭可能有一棵树，而另一位居住者的地块上没有树。"

不过，自然也有墓碑带来的差异。而墓碑也许毕竟不是如此微不足道。当然，克尔凯郭尔在自己的墓碑上花了不少心思。在一张可能写于 1846 年初的便条中，他详尽地说明了自己对家庭墓地的布局和白色大理石碑的未来位置的各种计划：

竖立的小圆柱（上面有关于父亲第一个妻子的文字）将被移除。它后面的小栅栏也将被关闭。／小栅栏要恢复到良好的状态。就在小柱子所在的栅栏里面，将放置一块雕刻好的墓碑和一个大理石十字架。以前在小柱子上的文字将被放置在这块墓碑上。／这块墓碑上写有父母的名字以及其他内容，一块石牌匾靠着它；当然，上面的措辞是父亲决定的。／然后再做一块与前面提到的石牌匾相匹配的石牌匾，曾经写在坟墓顶端那块又大又平的石头上的文字，现在要写在这块石牌匾上（不过字母要写小一些，以便留出更多的空间）——大石头将被完全移走。这块碑也应该靠在墓碑上。然后将整个墓夷为平地，种上好的低矮草种，四个角落都要有一小块裸露的土地，在每个角落都要种上一丛土耳其玫瑰，我相信它们是被称为土耳其玫瑰，种上一些非常小的、深红色的土耳其玫瑰。在石牌匾上（上面写着那块又大又平的石头上所写的东西，特别是我已故的姐姐和哥哥的名字）就会有足够的空间，以便我的名字也可以放在那里：

索伦·奥碧，生于 1813 年 5 月 5 日，逝于——

然后还有空间写一首小诗，能够设定为用小的字母写上去：

再战片时，
我就赢了，
那时争战彻底远去。
那时我就能憩息
在布满玫瑰花朵的厅堂，
与我的耶稣交谈，
永不停歇，
永不停歇。

　　墓碑是什么？是对已故亲人的一种纪念。在克尔凯郭尔的人生中，有很多已故的亲人。死去的父母。5 个死去的兄弟姐妹。仍然活着的克尔凯郭尔在 1848 年详细描述自己的墓碑时，可以回忆起所有人。而克尔凯郭尔的墓碑不仅仅是对一个已经死亡的、却似乎不朽的人的纪念。它所纪念的这个人也对纪念逝者的意义进行了深入思考。

　　在《爱的作为》中，我们发现了一篇题为"在回忆逝者时爱的作为"的论述。这篇论述的前提是，考虑到死亡，才有可能理解人生："死亡是人生最简短的总结，或者说死亡是人生可以追溯到的自身最简短的形式。"然而一个人通过死亡能理解的究竟是什么呢？是一个人自己的爱。当被爱者去世时，通过对逝者的追忆，一个人有机会考虑自己与曾经心爱的人的关系，从而回顾自己的爱的特征。

　　克尔凯郭尔认为，一个人对所爱的、现在已经去世的人的爱是最无私的，也是爱在一个人身上所能采取的最透明的形式。这时逝者已经不是具体的人："逝者不是实际的对象。" 他不具有身体的实在性。他是精神的，因为人与逝者的关系是一种完全存在于充满爱的幸存者的意识中的关系。逝者"可以揭示寄居在活着的人身上的东西"。通过对逝者的爱，幸存者重新回到自己，回到自己的爱的观念上。

　　克尔凯郭尔在他的论述"在回忆逝者时爱的作为"中，首先断言死亡是人生的最简短的化身。这就是为什么与逝者的关系可以构成一种试金石，如果人们希望清楚地了解自己赞同哪种爱的观念的话。在具体的爱的关系中，两个人彼此相爱，一个人没有衡量自己的爱或者对方的爱的可能性。接着，一个人可能会放弃去爱。一个人向外走出一步，试图反思被爱者和自己的爱。一个人不可能做到。相爱者中的任何一方都不可能观察自己的爱或者对方的爱。在具体的爱的关系中，一个人掩盖了被爱者身上的某些东西，反之亦然。

> 如果一个人想观察另一个人，为了观察的缘故，这一点很重要：我们在一种关系中看他，虽然看到的只是他一个人。当一个真实的人将自己与另一个真实的人联系起来时，结果他看到的是两个人，两者之间的关系已经形成，这时单独观察一个人就变得困难了。换言之，第二个人掩盖了第一个人的某些东西；此外，第二个人的影响力可以如此之大，以至于第一个人看起来与他本人不同。因此，这里有必要进行双重的计算；观察必须进行特别的计算，即对第二个人通过他的个性、他的特点、他的美德和他的缺陷对于作为观察对象的人产生怎样的影响。如果你能设法看到某人一本正经地对着空气打拳，或者如果你能说服一个舞者单独地跳他习惯与另一个人跳的舞蹈，你就可以最佳地观察他的动作，比观察他与另一个真实的人打拳或者与另一个真实的人跳舞更好。

两个相爱者交织在一起。一方掩盖了另一方，因此不可能确定一个人是**为了给予爱还是为了接受爱而去爱**。一个人的爱只是为了得到爱的回报吗？还是说一个人的爱是利他主义的？这个问题在一个人与已故的被爱者的关系中变得很清楚，因为后者无法以爱作为回报。如果一个人从外部看待自己的爱，如果一个人试图在沉思中反思自己爱另一个人的方式，那么这个人注定会失败。对施爱者来说，他不可能理解这种爱的本质。不可能解释它的起源和基础。因此，施爱者自己也不可能如此透明，以至于能够看到自己的爱以及自己的爱的观念——除了他爱的人以外。人们根本无法对爱进行反思，因为爱在本质上是一种关系性的现象，并且隐藏在自身之中。我们只能通过自己爱的方式来认识爱。而对一位死者的爱是这些方式中的一种。当我们爱的时候，爱是施爱者和被爱者之间的一种交流。当涉及逝者时，这种交流是最清楚的，因为逝者根本不再是具体的人。因此，在《爱的作为》中，克尔凯郭尔建议读者到逝者的花园里散步。

你看，这里是思考人生的地方，简短的总结缩减了所有复杂关系的冗长，可以帮助获得对人生完整的认识。在写作关于爱的时候，我怎么能不利用这个机会来检验一下

爱的本来面目呢？真的；如果你想确定在你或者另一个人
内心有什么样的爱，那么请注意你或者另一个人是如何将
自己与逝者联系起来的。

当涉及与逝者的关系时，仍然活着的人可以通过记忆去回忆这
段关系，去回忆自己在其中的角色，去回忆对记忆中的关系来说是
根本性的爱的观念。

然而，当一个人将自己与逝者联系起来时，在这种关
系中只有一个人，因为逝者没有任何现实性；没有一个人，
没有一个人可以使自己像逝者一样成为"无人"，因为他
就是"无人"。因此，这里不可能提到观察中的任何非常
规的现象。在这里，活着的人被揭示出来；在这里，他必
须准确地展示自己，因为逝者（他确实是个狡猾的家伙）
已经完全退出，他对与自己有关的活着的人没有丝毫影响，
既不干扰也不提供帮助。逝者不是实际的对象；他只是一
个机会，不断地揭示出与他有关的活着的人身上的东西，
或者有助于表明与他无关的活着的人的本质。

由于对与逝者的关系进行回忆这一行为，变得清楚的一点是，

一个人是否只有在自己的爱得到回报时才能够去爱。如果一个人忠诚地保持自己的爱，如果一个人继续爱曾经爱过的人，即使他现在已经不在活着的人中间，因而无法回报自己的爱，那么，很明显的一点是，仍然活着的人的爱是一种有永恒基础的爱。这种爱即使在没有回报的情况下也能持续下去。只有在这个观念的基础上，才有可能将爱说成是无私的：

> 那么，如果你想测试自己是否在无私地爱，只需注意你如何将自己与逝者联系起来。许多爱，无疑是大多数的爱，在仔细审视后，肯定会被证明是自爱。然而问题是，在活着的人之间的爱的关系中，通常仍然有偿还的希望和前景，至少是回报之爱的偿还，通常这种偿还确实会到来。然而这种希望和这种前景，连同偿还的到来，使人无法完全清楚地看到什么是爱，什么是自爱，因为我们无法完全清楚地看到一个人是否期待偿还，以及在什么意义上偿还。不过在一个人与逝者的关系中，观察是非常容易的。

在与逝者的关系中，不存在回报的可能性，因此克尔凯郭尔继续将一个人与逝者的关系描述为**最自由的**关系。他相信，孩子的无助和眼泪迫使父母有义务去爱他。因此，他的结论是，一个人其实不能将父母对孩子的爱真正称为**自由的**爱。但在与逝者的关系中，则不存在任何义务：

> 然而，一个逝者不会像孩子那样哭泣；他不会像有需要的人那样叫人注意自己，他不会像乞丐那样乞讨，他不会用恭敬的方式来约束你，他不会用可见的悲惨来强迫你；他不会像寡妇缠着法官那样缠着你——逝者是沉默的，一言不发；他绝对保持静止，丝毫不会移动。

克尔凯郭尔总结自己关于回忆逝者的论述时，将对这个逝者的爱判定为最**忠诚的**爱。在爱的关系中，总是有可持续性的问题。它能幸存下来吗？当我们进入一个新的关系时，我们会问自己这个问题。或者当一个更旧的关系随着时间的推移经历困难而受到考验时，我们也会问这个问题。它能幸存下来吗？爱能通过时间的考验吗？时间是爱的最大的敌人，因为随着时间的推移，一切都会改变——包括相爱者自身。爱能否克服变幻莫测的危险？

保护爱以使其超越时间，是赋予每一个人的根本任务。克尔凯郭尔当然相信，上帝将爱灌输给了每一个人。因此，爱是每一个人**根本的**组成部分，因此是永恒的，然而在爱的各种具体的关系中，爱的可持续性取决于相爱者是否愿意接受确保他们的爱持续下去的任务。

在与逝者的关系中，一个人的爱是否忠诚变得很清楚。如果爱是持久的，就能抵抗时间对所有关系的影响。如果一个人继续以同样的激情去爱逝者，那么很明显，一个人的爱是由建立在永恒基础之上的爱的观念引导的。如果一个人停止去爱逝者，那么很明显，这个人只是为了被爱而去爱，因此并不是无私地去爱。

所以，对克尔凯郭尔来说，关于回忆逝者的论述不是关于爱逝者，实际上是关于如何使自己和自己爱的观念在人生中显现出来："在与逝者的关系中，你可以通过自己的标准来检验自己。使用这个标准的人将很容易缩短最冗长的关系的长度。"而检验自己，就是检验引导自己的爱的观念；这种检验将目光投向自己现在或者将要卷入的具体的关系中。因此，与逝者的关系可以使施爱者回到自己，回到自己的爱的观念上，也因此将目光投向人生，投向对活着的人的爱。

1855 年 11 月 18 日，星期日，克尔凯郭尔的葬礼队伍将他从 Vor Frue Kirke（圣母教堂，哥本哈根教区的总教堂）接走，此时克尔凯郭尔本人已不在人世，他在不久前去世了。当圣母教堂的葬礼结束时，灵车将克尔凯郭尔毫无生气的身体运到阿西斯滕斯公墓，由副主教 E. C. 特里德主持下葬。最后一铲土刚落在小棺材上不久，克尔凯郭尔的侄子亨利克·隆德从哀悼者中间走出来，他摘下帽子，似乎有话要说。然而，尽管各项规则禁止这样做，隆德却藐视特里德，以及警察赫兹和克莱因——他们被部署在这个场合。他喊道："以上帝的名义！先生们，请等一下，如果你们允许我这样做的话！"没有人允许他这样做，于是出现了一阵沉默。接着，众人中间此起彼伏地传来"那是谁？"的疑问。"我是隆德，一个医学专业的毕业生。"这个身裹黑衣的人回答。"听到了，听到了！"有人喊道，而另一个人给出保证："他很不错！……就让他说吧！"

在这个时候，隆德抗议为克尔凯郭尔举行**基督教式**的葬礼，尽管克尔凯郭尔大声地谴责教会和神职人员，却"被带到这里，违背了他反复表达的意愿"。因此，克尔凯郭尔"在某种程度上受到了侵犯"。关于支持其说法的准确性的证据，他提到了克尔凯郭尔在《祖国》和《瞬间》中的文章，并引用了《启示录》第 3 章中关于等待着每个既不冷也不热的人的审判，他们会像温水一样不可饶恕。隆德读过《瞬间》第 2 期中的文章"我们都是基督徒"中的一小段文字，在文中，克尔凯郭尔对这样一个事实感到愤怒：即使"一位无神论者用最强烈的措辞宣称所有基督教都是谎言"，也无法避免经历一次基督教式的葬礼。隆德向哀悼者们发问：

> 对这种情况的描述难道不正确吗？难道这不是我们今天见证的吗？——那就是，这个可怜的人，尽管他通过思想、言语和行动，生和死，进行了所有积极的抗议，却被"官方教会"

作为一个亲爱的成员埋葬了——这并不符合他的话语吧？ 这
永远不会在一个犹太社会发生，甚至在土耳其人和穆斯林中
也不会发生……这是"官方基督教"才会做的错事。那么，
这是"上帝的真教会"吗？

随着演讲的结束，虽然可以听到零星的掌声，但是没有人觉得
有必要做出回应。人们站着看**接下来**会发生什么，因为势必会发生
什么事，然而什么也没有发生，亨利克·隆德就像他出现时那样，迅
速消失了。出现了一个滑稽的时刻，一个酩酊大醉的小伙子对他的
一个朋友说："那我们回家吧，克雷桑！"（译者注：该名字与基
督徒一词发音相似）这就是他们做的，克雷桑和其他人；毕竟，那
天在墓地没有其他事情发生，所以人们为什么要站在那里挨冻呢？

然而，事情远远没有就此结束；事实上，它只是一个开始。24
小时内，哥本哈根几乎所有的媒体都报道了这位年轻医生进行抗议
的故事。这的确是一个好故事，而且，就像其他大多数这样的故事
一样，它产生了不良的后果。《贝林时报》的早间版详细介绍了事
件的过程，而晚间版报道了彼得·克里斯蒂安·克尔凯郭尔在教堂中
作的葬礼悼词。在同一个星期一，报纸《飞邮报》和《祖国》也早

早地飞出了繁忙的编辑室，上面的报道和稿件满是关于有责任的权威们可能疏忽之处的争论。

作为教会的总负责人，H. L. 马滕森主教不能只是袖手旁观地坐着观察这个异议。他不想在公开场合发表评论（他认为这样做风险太大），但是他以官方身份保持警觉，要求特里德书面陈述发生了什么事情。特里德是一个温和的人，他建议不要进一步追究此事。然而，马滕森根本不同意，并且要求负责教会事务的文化部继续处理此案。

与此同时，隆德凭记忆写下了自己的演讲。它于 1855 年 11 月 22 日星期四在《祖国》上发表，标题为"我的抗议：我说了什么以及没说什么"。几天后，他又发表了续篇《在下一刻，然后呢？》。与此同时，他的狂喜情绪被深深的绝望情绪取代了。最终，在 12 月，他自杀未遂，他在最后一刻被父亲约翰·克里斯蒂安·隆德阻止了。不久之后，这位父亲找到文化部长 C. C. 霍尔请求宽恕。他声称，他的儿子由于精神状态不佳，既不能承担道德责任，也不能承担刑事责任。然而，马滕森却很坚决，他提到教会的未来、公共礼仪的意义和其他此类古板的教权话题，来抨击隆德。

此案在位于新市场旧法院的哥本哈根第五刑事法院了结，克尔凯郭尔的出生地就挨着这个法院。亨利克小时候曾来过这里，很久以前的一天晚上，就在克尔凯郭尔离开柏林前不久，他看到自己的叔叔伤心欲绝地哭泣。检察官要求监禁亨利克；辩护律师要求无罪释放；证人之间争吵不休；案件久拖不决。直到 1856 年 7 月 5 日才最终宣布判决，亨利克被罚款 100 里格达勒，罚款将用于资助哥本哈根的穷人。亨利克接受了判决，眼皮都没眨一下。"现在我意识到，"他在两天前写给彼得·克里斯蒂安的信中写道，"对我来说，唯一正确的措施是完全放弃我已经投入的这场战斗，主动地寻求基督的教会。"造成这种无法忍受的屈服的一个促成因素，很可能是亨利克曾在一段时间之前被送到奥林格精神病院，在那里他因一种未指明的"神经病"而接受药物治疗。

克尔凯郭尔写下的关于自己墓地的各项条款在 1865 年首次被出版商 H. P. 巴福德发现，然而事情没有任何进展。直到 1870 年夏天，奥古斯特·沃尔夫中尉感到不得不向彼得·克尔凯郭尔主教提出以下请求：

> 我给你写信的目的，是请求你允许我在你已故兄弟的坟墓上放置一块墓碑。每次我站在那里，看到它被如此遗弃，我就很难过；它在某种程度上让我感到痛苦，我无法想象在坟墓上放置一个名字会以任何方式引起公众注意或者引起任何不愉快的骚动。

中尉强调墓碑应该朴实无华——只写上索伦·克尔凯郭尔的名字。然而彼得·克里斯蒂安拒绝了。他对自己的拒绝做出长达几页的解释，但完全是含糊其辞。一段时间后，沃尔夫再次找到彼得·克里斯蒂安，委婉地解释说，在坟墓上放置一块纪念碑的话，有可能"事实上使你的兄弟处于他选择的深刻的自我否定的隐蔽状态"，并且"这个困难可以用一种简单而巧妙的方式解决"，只写"那个单独的个体"——克尔凯郭尔在《作为作者对我自己作品的观点》提出过这种可能性。

彼得·克里斯蒂安对此置若罔闻。这位有魄力的中尉自费在克尔凯郭尔的房子里竖立了一块大理石牌匾，上面写着关于这位著名的丹麦人的一些关键事实。当彼得·克里斯蒂安看到它时，他在日记中痛苦地写下如下文字，这可能也解释了他对沃尔夫的回复为何含糊不清："在我们的老地方设立了牌匾——为索伦而设立。"

只有在 4 年以后，1874 年，事情才有了进展，媒体开始抱怨克尔凯郭尔匿名地躺了近 20 年，就像另一个莫扎特一样。在接下来的几个世纪里，人们从四面八方赶来敬献花环，特别是在他重要的诞辰周年纪念日，人们会在他的纪念碑旁徘徊，默默地沉思。人们也许还应该思考他的这些话：

那么，为什么没有一个时代能与真理的见证人共处——然而只要这个人一去世，每个人都能与他共处得如此美妙？这是因为，只要他还活着……他们就会感觉到他的存在带来的刺痛；他迫使他们做出各种更艰难的决定。然而当他死后，人们可以与他成为好朋友，并且崇敬他。

考虑到与逝者的友谊是模棱两可的关系，与逝者克尔凯郭尔成为好朋友的愿望可能是不诚恳的，也不是一个好主意。然而，克尔凯郭尔今天毫无疑问在整个世界受到崇敬。仅仅通过他留下的这些物品来记住他，这是不可能的。然而，可以将这些物品与克尔凯郭尔关于爱的观点联系起来，可以为这些幸存的历史文物赋予象征意义，使我们有可能记住克尔凯郭尔永远是一个在场的思想家，一个愿意进行对话的人。一位已故的思想家通过他对爱的各种形式的描述，用这样一些问题将我们抛回给自己：你认识爱吗？你经历过坠入爱河的变革性的力量吗？你作出结婚的决定了吗？父母对孩子的爱是否是充沛的？友谊是否是模棱两可的？自爱是否是自私的？你对邻舍的爱是否是无私的？还有，你能用利他主义的持续不断的爱来纪念你的逝者们，从而证实你真的爱他们吗？

克尔凯郭尔提出了这些问题。请你作出回答。爱属于我们每一个人，我们在爱的所有不同形式中体验爱。

图书在版编目（CIP）数据

索伦·克尔凯郭尔：爱的物品，爱的作为 / 丹麦哥本哈根博物馆编；
（丹）尤金姆·加尔夫，（丹）皮娅·索尔托夫特著；田王晋健，杨杏译 .
—上海：上海三联书店，2023.2
ISBN 978-7-5426-7831-7
I. ①索… II. ①丹… ②尤… ③皮… ④田… ⑤杨… III. ①克尔凯郭尔（Kierkegaard，
Soeren 1813-1855）- 生平事迹 IV. ① B534

中国版本图书馆 CIP 数据核字（2022）第 153333 号

索伦·克尔凯郭尔：爱的物品，爱的作为

编　　者 /	丹麦哥本哈根博物馆
著　　者 /	[丹] 尤金姆·加尔夫　　[丹] 皮娅·索尔托夫特
译　　者 /	田王晋健　　杨 杏
策　　划 /	"哥本哈根的守夜人"工作室
责任编辑 /	李天伟
装帧设计 /	周周设计局
监　　制 /	姚 军
责任校对 /	王凌霄
出版发行 /	上海三联书店
	（200030）中国上海市漕溪北路 331 号 A 座 6 楼
邮　　箱 /	sdxsanlian@sina.com
邮购电话 /	021-22895540
印　　刷 /	上海南朝印刷有限公司
版　　次 /	2023 年 2 月第 1 版
印　　次 /	2023 年 2 月第 1 次印刷
开　　本 /	890mm×1240mm 1/32
字　　数 /	110 千字
印　　张 /	5.625
书　　号 /	ISBN 978-7-5426-7831-7/B·794
定　　价 /	60.00 元

敬启读者，如发现本书有印装质量问题，请与印刷厂联系 021-62213990